守望与眺望

前滩望潮

何

iDSS
前滩综研

同济大学出版社
TONGJI UNIVERSITY PRESS

内 容 提 要

"预测先于决策，共识牵引共同行动。"本书是上海前滩新兴产业研究院（前滩综研）部分研究成果集萃第三辑。既有冷静洞见，也有前瞻远见；既有中国特色，也有国际视野。在精准循证、开放创新、智能智慧地提供决策支持方面，展现了深刻思考和生动实践。本书对标国际最高标准，对照国家战略要求，分析全国的"新时代、高质量、路线图"，解读长三角一体化背后的商业逻辑和政策逻辑，聚焦上海迈向卓越全球城市进程的新生产、新生活、新交易和新治理，响应企业的具体化和多样化需求。

本书可供政府部门、企业集团、各类开发区、科研机构的决策管理者参考。

图书在版编目（CIP）数据

前滩望潮：守望与眺望 / 何万篷主编. —上海：同济大学出版社，2020.8

ISBN 978-7-5608-9268-9

Ⅰ.①前… Ⅱ.①何… Ⅲ.①经济学—文集 Ⅳ.①F0-53

中国版本图书馆 CIP 数据核字（2020）第 091257 号

前滩望潮：守望与眺望

何万篷 **主编**

责任编辑 吕 炜 **责任校对** 徐春莲 **封面设计** 完 颖

出版发行 同济大学出版社 www.tongjipress.com.cn

（地址：上海市四平路 1239 号 邮编：200092 电话：021-65985622）

经　　销 全国各地新华书店

排　　版 南京文脉图文设计制作有限公司

印　　刷 上海安枫印务有限公司

开　　本 787 mm×1092 mm 1/16

印　　张 16.75

字　　数 418 000

版　　次 2020 年 8 月第 1 版 2020 年 8 月第 1 次印刷

书　　号 ISBN 978-7-5608-9268-9

定　　价 68.00 元

何万篷
He Wanpeng

主编简介

上海前滩新兴产业研究院（前滩综研）院长、首席研究员，博士生导师，上市公司独立董事，中国统计学会理事，上海市宏观经济学会理事，上海市青联委员，上海市静安区政协常委。致力于建设扎根中国、融入全球的创客型智库，为新时代的高质量决策提供理性、实证、前瞻的支撑和保障。

研究方向聚焦于新兴产业、世界经济、国际关系、城市公共安全等领域。专于以复杂系统理论和数据挖掘方法，研究产业转型升级、贸易投资便利化、长三角一体化和“一带一路”等。

曾参加全国经济形势分析与预测座谈会。

开放性学术传播品牌活动“海论”“财经下午茶”的发起人、主持人。

STAND BY & STAND ON

智库，不是大江大河上随波逐流的一叶扁舟，其本身就是一条大河。孕育并赋能这条大河的，正是广袤、生动的经济社会生活。

大江东去，时代变迁，一路皆是风景。惟有不追求浮名虚誉，不好高骛远，不惑不忧不惧，方能欣赏好风景，融入好风景，成为好风景的一部分。

前言

在守望与眺望中说真话做实事

文 / 何万篷

对面大楼，相同楼层，搬进来了新业主——上海国际争议解决中心。隔空平视他们的招牌，有一种莫名的共鸣。

运营前滩综研，并不全是快乐体验。间歇性的争议和苦恼，像孪生兄弟一般，缠绕在一起。其实自己比谁都清楚，所有的苦闷烦恼，皆源于矫情——渴求虚名，在意别人怎么看怎么想。世上本无事，庸人自扰之。有“渴求”，有“在意”，就相当于给自己挖了一个看不见的无底深渊。从此，便失去了内心世界的宁静和行为举止的优雅。

我们自讨苦吃，定了一个“555”自律铁律：50%以上的资源，用于无人委托的自主研究；50%以上的精力，用于现场调研；单一委托方的财务贡献，不能超过年度总营收的5%。尤其是第一条，在绝大部分人的眼里，太不符合常规了——你们作为一个没有“皇粮”保供、完全自收自支的机构，搞那么多的自主研究，到底图什么呢？

想起“乾隆之问”。他在某次下江南时，向金山寺高僧请教：“长江中船只来来往往，这么繁华，一天到底要过多少条船啊？”高僧答曰：“只有两条船。”乾隆再问：“如何只有两条船呢？”高僧再答：“一条为名，一条为利，整个长江之中来往的无非就是这两条船。”前滩综研，到底在哪条船上呢？还是脚踩两条船？

今年全民动员防控疫情期间，我们基于既要救急也要谋远的考虑，火速成立了“云端政策研究室”，为各级职能部门和各地企业集团，在线提供决策支撑和配合，非接触，纯友情。我们还依托同济大学校友会，发起设立医疗支援专项基金，在全球紧急采购呼吸机、防护服等物资，直接发往战疫重点地区。很快，质疑不请自来——你们想干什么？

再追溯到 2014 年，我们在研究“具有全球影响力的科技创新中心”的时候，感觉力有不逮，于是向国际同行广发“英雄帖”，邀请合作伙伴。随之产生的社会影响中，可能有相当一部分是戴着有色眼镜的——你们居然掏出真金白银？居然把研究成果开放共享？

有时候，课题任务委托方伸出橄榄枝，希望我们积极响应。我们不愿意被繁文缛节牵着鼻子，也可能对任务设计所隐含的价值取向有保留意见，于是谢绝了对方的邀约，肯定被人“骂”得够呛。还发生过我们的研究成果不符合委托方预设结论，而且还坚决不修改的情况。有人质问，你们属于服务业，服务业的乙方难道不以甲方的意志和意图为转移吗？那我还请你们作甚？

诸如此类，故事不少。

问题不在于被质疑、有争议甚至非议，而是过于着急解释，过于着急反应。现在反省下来，完全可以“让子弹多飞一会儿”，完全应该尊重各种声音，无须闻鸡起舞。

感谢一位贵人的及时到访。他反复嘱咐前滩综研和我，“坚持自己”和“做自己”，不能因为有争议而纠结，因为没有争议而轻狂。智库，不是大江大河上随波逐流的一叶扁舟，其本身就是一条大河。孕育并赋能这条大河的，正是广袤、生动的经济社会生活。大江东去，时代变迁，一路皆是风景。唯有不追求浮名虚誉，不好高骛远，不惑不忧不惧，方能欣赏好风景，融入好风景，成为好风景的一部分。

非常幸运地，有一个不待扬鞭自奋蹄的团队，支撑着事业的拓展和迭代。大家的“群像”，是外表淡定、内心澎湃，是理性而热情的“死多头”、乐天派、行动者。大家不计较功名，不猜度领导偏好，不以热点为导向，而是咬定青山不放松，有时甚至是“逆风作案”，做些不合时宜的自主研究。譬如：《全面进步的跨太平洋伙伴关系协定》（CPTPP）等高标准经贸新规则背景下上海的“准备度”，跨杭州湾的战略通道走线，世界级生态岛的世界级产业功能，长三角 41 个城市发展质量的动态监测，技术性贸易措施，城市公共安全风险解析……最自鸣得意的，莫过于对纽约、伦敦、巴黎、东京等城市的深度对标学习，尤其是赴日调研“东京 2035”、赴美调研中美贸易摩擦等。

大家甘于把冷板凳坐热，乐于把决策报告写在现场，勇于提出建设性解决方案。立足“政治规矩—经济规律—市场规则—学术规范”，不飘在空中，不浮在水上，不夹带私货、诉求和情绪。识别公共价值，维护整体利益的初心，鼓励小伙伴们大胆说、大声说、说真话、说人话。

最近，偶然看到余秋雨先生的高论：在一个健康发展的时代，“有争议”是一个褒义词，而“无争议”却是一个贬义词。他进而提出“无争议陷阱”之概念，认为创新就不要惧怕争议。于我心有戚戚焉。我们屡屡为争议所苦闷烦恼，但在不经意间排除了“无争议陷阱”。这让人倍感庆幸。终于理解了这句话——“接受一件事和拒绝一件事，有时候是一件事”。

自律坚持、初心守望，让我们打破了“屁股决定脑袋”的路径依赖，可以相对超然地开展更具全局性和前瞻性的研究。一直笃信，这正是前滩综研的价值之源。

基于初心，我们实践着这样的决策研究路线：约束条件、情景模拟、循证决策、柔性合成。从原点出发，锚定目标，开展多情景模拟，给出多剧本的预案。德鲁克所定义的“眺望未来”，是我们这里最具挑战性的技术工种。在实证或证伪未来场景时，大家耳熟能详的“预见未来的最好方式就是去创造未来”“未来已来”等充满诗情画意的文学呈现，是远远不够的，更需要借助最新科技手段，让 5G 去超越时间，让 VR 去超越空间，让 AI 去超越工作量。技术的深度渗透和应用赋能，让研究工作更加智敏、更加精准。

但是，围绕这些“超越”，同样充满了不同看法。因为专家打分的德尔菲法的作用下降了，政府“有形之手”的权重被降低了，经验主义行不通了。“What matters is what works”，市场导向、技术进步、以人为本，被视为影响和改变决策的最重要因子。让人们达成共识，变得更加艰难。但还是有一条弥足珍贵的共识——不为更少的分歧，是为了更好的分歧（What we need is not to disagree less, but to disagree better）。

看样子，智库，生来就和争议形影相随，这是由智库的首要功能决定的——争着议，议着争。就外部而言，她的观念、工具和成果等可能会引起争议。就内部而言，她应该不惧争议、包容争议、转化争议。没有争议，就没有创新的锐度。耐不住寂寞，就没有沉淀的浓度。

当众孤独，是研究者的美德和功课。不忘本来，吸收外来，面向未来。在争议中守望，在分歧中眺望。

是为序。

2020 年 5 月 1 日于浦东前滩

目录

第四章　感知中国............155

第一章

透视城区

落实“四大品牌”，上海这 10 个区这么干

文 / 宋杰封

导读：2018 年 4 月，上海市委、市政府印发了《关于全力打响上海“四大品牌”率先推动高质量发展的若干意见》，同时由市发改委、市经信委、市商务委、市委宣传部分别牵头制定了“上海服务”“上海制造”“上海购物”“上海文化”的首轮三年行动计划，明确了 43 个专项行动，形成了上海市推进“四大品牌”建设的“1＋4＋X”工作框架体系。“四大品牌”建设作为全市的工作重点，承载着上海加快建设“五个中心”、卓越的全球城市和具有世界影响力的社会主义现代化国际大都市等战略目标，将成为上海各区未来城市经济与产业的发展方向。

上海市委、市政府印发《关于全力打响上海“四大品牌”率先推动高质量发展的若干意见》后，上海各区纷纷响应。笔者就 16 个区中已对外发布“四大品牌”建设内容的 10 个区进行了一番梳理，感到颇有一番百花齐放、百家争鸣之意。其中，定位于“承载区”的有 6 个区，定位于“示范区”的有 3 个区。中心城区多聚焦“上海服务”“上海购物”，郊区多关注“上海制造”“上海文化”等内容。

一、浦东新区：最早行动，先行先试

浦东新区是最早发布“四大品牌”实施意见的区，定位为上海“四大品牌”的核心承载区。实事求是地讲，浦东新区确有打造“核心承载区”的底气和实力。浦东新区拥有张江科学城、陆家嘴金融城、临港产业基地等一批重大战略平台，国金中心、老佛爷百货、正大广场、浦东八佰伴等高端购物、休闲场所，以及浦东新区图书馆、文化公园等高标

准文化设施，支撑得起服务上海、服务长三角、服务全国的责任和使命。略有遗憾的是，浦东对传统文化、本土文化的挖掘略显不够。

二、静安区：新静安，大梦想

静安区提出打造“四大品牌”引领示范区。聚焦国际静安、国际消费城市示范区、国际文化大都市核心区和国家大数据产业示范基地建设，提出“全球服务商计划”，以吸引更大范围、更宽领域的总部经济，可谓“野心不小”。笔者以为，静安的核心优势在于便利化，即投资贸易便利化、科技创新便利化、生活消费便利化。在建设“四大品牌”过程中，如能将便利化贯穿始终，优化营商环境，梦想当可实现。

三、普陀区：有特色，很用心

普陀区提出建设上海“四大品牌”特色承载区。所谓特色，就是要瞄准其中某一项或几项功能，使其发挥到极致。从这个方面说，普陀区这篇文章做得比较用心。“上海服务”重点抓十大平台建设；“上海制造”聚焦机器人；“上海文化”深挖红色文化和苏州河文化；“上海购物”重点在商贸业上挖潜。基本做到了因地制宜，但美中不足在于新亮点、新元素不多。

四、长宁区：精品城区，需要精工

长宁区打响“四大品牌”提出建设国际精品城区的总体目标。从发布的内容看，除“上海服务”“上海制造”“上海文化”“上海购物”外，还涉及民生、政府效能提升等内容。其实长宁在产业、文化、智慧商圈方面均颇有亮点，建议可围绕航空服务、中国国际进口博览会等题材多多挖掘，而不仅限于服务和保障。

五、徐汇区：抓住重点，才能引领

徐汇区要建设“四大品牌”引领示范区。乍看之下，与静安区提法相近，但内涵却不同。漕河泾开发区是上海科创中心的重要承载区，连同徐汇滨江、紫竹高新区一起构筑起上海人工智能产业的创新功能带。徐汇“四大品牌”建设的核心是科创服务。只有抓住了这一重点，徐汇才能在区域竞争中凸显优势。当然，在“上海文化”和“上海购物”建设方面，徐汇也有很好的基础条件，关键是如何凸显特色和务实推进。

六、杨浦区：做好“双创”，赢得世界

杨浦区勇当上海“四大品牌”创新发展引领区。杨浦创新的内涵很丰富，基础很好。区内有高水平大学和相对较低的成本，聚焦双创，建设“世界级创谷”可能性较高。需要注意的是，新江湾城的高端定位与其他板块有点格格不入，如何融合是需要考虑的问题之一。

七、闵行区：道远且长，行则将至

闵行区争当“四大品牌”一流承载区。一流体现在哪？“上海制造”有国家级开发区、国家级军民融合创新示范区；“上海服务”有建设上海南部科创中心、国家科技成果转移转化示范区；“上海购物”有大虹桥国际商贸；“上海文化”有江南文化、工业文化。干货多，很全面，有潜力，而问题出在太“干”。当前最需要的是融合路径，产业转型、科创引领、消费提升、文化提质都需要一定的培育期，需要文创等软性元素的润滑。

八、青浦区：目标越高，压力越大

青浦区最近很红，要建设“四大品牌”的重要承载地和功能示范区。既要承载又要示范，目标高远。当笔者对青浦的印象还停留在朱家角古镇时，青浦早已搭上了长三角更高质量一体化的快车，携“进博会”插上了“一带一路”的双翼。但切莫忘记，青浦的基础还比较薄弱，需稳扎稳打，实事实干。

九、嘉定区：特色突出，舍我其谁

嘉定区要建设上海“四大品牌”特色功能区，定位比较精准。

以汽车为特强产业迈向全球卓越的制造业基地，这是嘉定发出的最强音。当然，嘉定在“上海服务”“上海文化”“上海购物”方面也有一定的区域性优势，但扬长板更是当下区域协同、创新合作中的应有作为。

十、宝山区:“三花”齐放，不如智造崛起

宝山区提出建设上海“四大品牌”重要承载区。宝山最近几年与市级重点战略的距离有点远，南大、吴淞地区转型是老大难问题。过去宝山区有以宝钢为代表的“钢花”，现在又有了顾村的“樱花”和邮轮经济这朵“浪花”。“钢花”、“樱花”和“浪花”虽有知名度，但产业带动作用不强。建议还是要聚焦制造业发展，把区内大学、企业、科研机构的要素资源充分对接好，前瞻布局，拉长升级机器人和新材料的产业链条，则宝山潜力释放可期。

综上所述，各区在制定落实“四大品牌”的具体行动中，要充分认识在全局大局中的特殊位置和特殊优势，紧密结合区域发展阶段、资源禀赋、产业特征、市场环境进行差异定位，突出重点，协同发展，以实在动作，解决实际问题，最终使上海16区的“四大品牌”建设成为上海推进高质量发展、落实和服务国家战略、加快建设现代化经济体系的重要支撑。

本文系2018年6月前滩综研自主研究成果。

上海郊区 2035 发展愿景简析

文 / 周学强　向际森

导读：2035 年，是党的十九大擘画我国基本实现社会主义现代化的重要时间节点。面向未来，《上海市城市总体规划（2017—2035 年）》（以下简称“上海 2035”）提出，到 2035 年上海将基本建成卓越的全球城市，令人向往的创新之城、人文之城、生态之城，具有世界影响力的社会主义现代化国际大都市。城区是落实城市总体规划的中观单元，谋划城区 2035 发展愿景已成为上海各区提升城区能级和核心竞争力的战略性举措。

郊区是高端制造业的主战场，是实施乡村振兴战略的主阵地。根据第二次全国土地调查，上海郊区和乡村面积占到陆域总面积 85%左右，不仅地域规模大，更重要的是它所承载的功能不可或缺、不可替代。自 2018 年 5 月以来，崇明、宝山、奉贤、嘉定、金山、闵行、青浦、松江 8 个郊区相继发布了各区的“2035 总体规划”，描绘了未来发展的总体战略、目标愿景、空间布局、重大专项、实施保障等举措。笔者梳理了 8 个郊区“2035 总体规划”的战略定位，发现主要呈现以下几个特点：

一、承接上位规划，提升各区能级和核心竞争力

各郊区均以承接上海建设卓越的全球城市相关功能为目标，在上一轮各自城区总体规划的基础上，立足自身区位优势、发展阶段、产业现状，从战略高度进行再定位、再谋划、再出发，着力打造更具创新性、更富人文性、更加可持续的现代化新郊区。其中：闵行区得益于其得天独厚的产业、创新、生态等资源优势，战略定位清晰、高远，体现出与市级战略的全面对接。崇明区面向全球、面向

未来，从“弯道超车”升维到“换道前行”，一切发展坚持生态优先原则，大力推进“+生态”战略，定位“世界级生态岛”。奉贤区立足美丽健康产业，坚定不移地推动“东方美谷”建设，打造上海南部中心城市。

科技创新中心是上海建设卓越的全球城市的重要内涵，也是各郊区在制定愿景时纷纷抢占的战略要地。8 个郊区中有5 个区都在科创中心建设方面进行了明确的定位（见表 1）。嘉定区将做足“汽车产业”的文章，定位“世界级汽车产业中心”与“科创中心重要承载区”；松江区有故事、有文化、有山水，重点推进 G60 科创走廊，辐射苏浙皖，推动长三角一体化发展；金山区从“末端”到“门户”，以“上海制造”为突破口，将重点抓住“科技成果转化”来建设上海科创中心重要承载地；宝山区将承担对内对外“两个扇面”重要使命，从“中心城市拓展区”转变为“主城区”的重要组成部分，抓住国际航运中心建设的“牛鼻子”，建设现代化滨江新城区；青浦区从现在的“上海之源”走向未来的“上海之门”，依托沪湖廊道，带动沿线功能转型升级，在青东、新城、青西打造三个科技创新集聚区。

表 1　上海各郊区 2035 愿景与目标

区名	发展愿景	2035 目标定位
宝山	魅力滨江、活力宝山	上海引领长三角世界级城市群的北部枢纽和沿长江协同创新发展的示范区；上海具有世界影响力的社会主义现代化国际大都市主城区的组成部分；上海转型发展的重要实践区、城市更新的最佳实践区，战略性新兴产业和先进智造产业的重要承载区；上海国际航运中心的重要承载区和世界一流的邮轮产业基地；创新创意创业相促进、生态生产生活相融合、宜居宜业宜游相协调的现代化滨江新城区
嘉定	大上海西北区域的现代化新型城市，打造汽车嘉定、科技嘉定、教化嘉定、健康嘉定、美丽嘉定	产城全面融合的世界级汽车产业中心，高科技新兴产业为支撑的上海科创中心重要承载区，生态人文宜居的长三角综合性节点城市
青浦	生态宜居的现代化新青浦	上海对外服务的门户城市和长三角一体化发展的综合性节点城市，打造美丽富饶的生态之城、活力无限的创新高地、人文璀璨的江南水乡
松江	“科创、人文、生态”的现代化新松江	上海科创中心的重要承载区，辐射苏浙的先进制造业高地，中华优秀传统文化的重要传承地和具有自然山水特色的宜居之地

续表

区名	发展愿景	2035 目标定位
金山	创业金山、宜居金山、和谐金山	上海西南部辐射长三角地区的重要门户地区，长三角高质量一体化发展的桥头堡，环杭州湾和沪甬发展轴的核心节点，“上海制造”品牌的重要承载区，上海建设科创中心的重要承载地，实施乡村振兴战略的先行区，长三角重要的以滨海、古镇、田园为特色的休闲旅游地区之一，形成产城融合、环境友好、宜居宜业宜游的生态滨海地区
闵行	上海全球城市重要的战略支撑区，品质卓越、生态宜居的现代化新城区	上海科创中心重要的承载区，上海国际贸易中心的重要承载区，上海国际文化大都市的重要承载区，上海生态之城、人文之城的重要承载区，上海全球城市重要的战略支撑区，品质卓越、生态宜居的现代化新城区
奉贤	宜居宜业的东方美谷、滨海贤城	上海南部滨海城区，杭州湾北岸综合性服务型城区，上海南部中心城市，宜居宜业的东方美谷、滨海贤城
崇明	具有全球引领示范作用的世界级生态岛	在生态环境、资源利用、社会发展、人居品质等方面具有全球引领示范作用的世界级生态岛

二、实施战略留白，为未来变革留下接口

各区规划牢守土地、人口、环境、安全四条发展底线，建立空间留白和动态维护机制，严控增量、盘活存量，以城区有机更新促进城区空间立体、复合、可持续利用，合力助推上海高密度超大城市由外延增长型向内生发展型转变。

从数据上看，8 个郊区均紧控人口规模，其中仅奉贤规划人口增量超过 10 万，闵行、崇明规划人口几乎零增长（见图 1）。

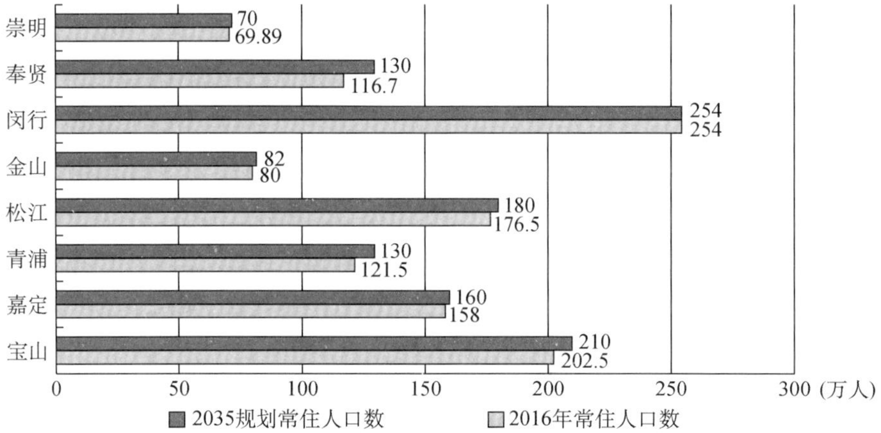

图 1　上海各郊区常住人口规模

土地使用方面（见图 2），宝山、闵行两区土地利用率最高，其他各区建设用地仍有较大拓展空间。但在建设用地规划上，各区均严控土地增量。一方面，除嘉定 2016 年建设用地面积数据缺失外，其他区 2035 规划用地与 2016 年相比均无明显增长，其中，青浦、松江积极推进建设用地减量化，破解土地资源紧约束，聚焦存量更新、结构优化，探索转型新路径；另一方面，各区均规划了一定的战略留白空间，实施弹性发展，崇明留白空间 35 平方公里，在 8 个郊区中最高，青浦留白空间最低，为17.8平方公里，其余 6 个区留白空间基本在 20 平方公里左右。

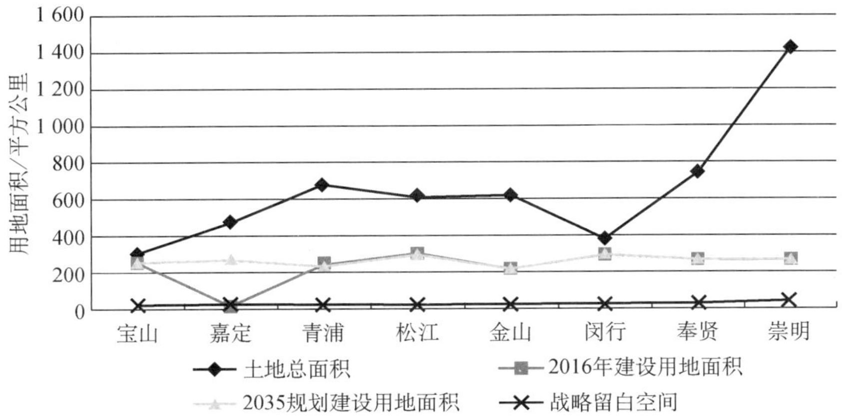

图 2　上海各郊区土地使用及规划情况

注：嘉定区 2016 年建设用地面积数据缺失，在本图中显示为零。

各郊区生态环境指标不断改善，但河湖水面率还需提高（见图 3）。“上海 2035”森林覆盖率在 2016 年基础上大幅增加，达到 23%。宝

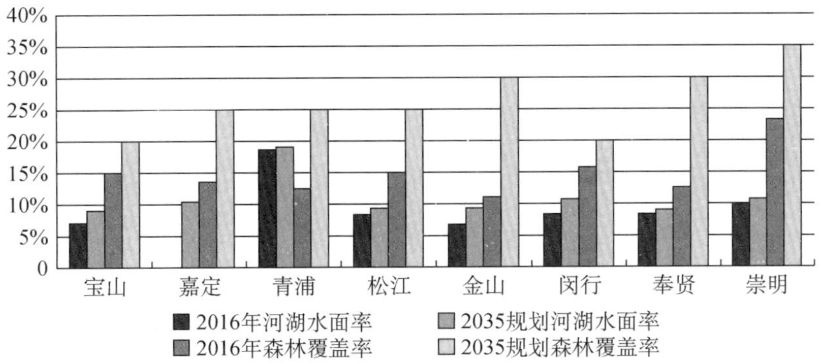

图 3　上海各郊区生态环境指标

注：2016 年嘉定区河湖水面率数据缺失。

山和闵行两区规划的森林覆盖率为 20%，低于上海市规划目标，其余 6 个区均超过 25%，其中崇明最高，达到了 35%。河湖水面率各区规划虽在 2016 年基础上有所提高，但仍需进一步提高，8 个郊区中仅崇明区的河湖水面率 10.61% 达到了“上海 2035”的标准 10.5%，其余 7 个区普遍在 9%左右。

三、持续优化空间布局，发展新亮点引期待

宝山区形成“一带两轴三片区”的空间布局，着力打造吴淞市级副中心；嘉定区以上海国际汽车城为重点区域打造“汽车嘉定”，以嘉定工业区（北区）为中心打造“科技嘉定”，同时强化北部生态涵养与郊野休闲服务功能，塑造嘉定生态品牌，打造“三廊四片区”新格局；青浦区依托沪湖复合功能发展带，串联青浦新城、西虹桥、朱家角三核心，带动“一城两翼”，提升区域辐射能力；松江区着力推动 G60 科创走廊发展，以松江新城主城区、松江工业园区、科技园区为建设重点，提升区域创新能级；金山区大力打造金山滨海综合发展型城镇圈，以金山卫镇、山阳镇和石化街道为核心，形成滨海特色的城市副中心；闵行区以“大紫竹”为核心，全力打造沪西南科创中心，同时注重以轴带强化各板块联动发展，形成“一带两轴四板块”的空间布局；奉贤区新城、海湾、奉城三大城镇组团，形成“交通—空间—功能”联动的三大城镇圈，促进产城融合与居住平衡；崇明区城镇建设空间向城桥镇集聚，打造城桥城市副中心（见表 2）。

表 2　上海各郊区 2035 空间布局一览

区名	空间结构	空间布局	发展新亮点
宝山	一带两轴三片区	一带：“T”形滨江综合功能发展带； 两轴：沪太路城镇发展轴、宝杨路-宝安公路功能拓展轴； 三片区：南、中、北三片区	打造吴淞市级副中心
嘉定	三廊四片区	三廊：沪宁城市发展廊道、沪嘉城市发展廊道、城镇协作发展廊道； 四片区：新城片区、南部片区、西部片区和北部片区	以上海国际汽车城为重点区域打造“汽车嘉定”，以嘉定工业区（北区）为中心打造“科技嘉定”

续表

区名	空间结构	空间布局	发展新亮点
青浦	一城两翼 一带三核	一城：青浦新城； 两翼：青东片区、青西片区； 一带：沪湖复合功能发展带； 三核：青浦新城、西虹桥、朱家角	围绕虹桥枢纽，建设上海国际贸易中心承载区，依托青浦新城产业园区推动创新升级，以淀山湖及朱家角、金泽、练塘三大古镇为核心，打造“绿色青浦”
松江	一廊一轴 五带四片区	一廊：G60科创走廊； 一轴：城乡发展轴； 五带：青松生态廊道、黄浦江生态廊道、近郊绿环、油墩港生态带和洞泾港生态带； 四片区：新城片区、东北片区、西北片区、浦南片区	以松江新城主城区、松江工业园区、科技园区为建设重点，推动G60上海松江科创走廊发展
金山	一心一带 两轴四片区	一心：生态绿心； 一带：滨海活力带； 两轴：亭枫发展轴、亭卫发展轴； 四片区：北部朱枫联动发展片区、东部金山工业区产城融合发展片区、中部吕巷廊下张堰生态片区、南部金山滨海片区	以金山卫镇、山阳镇和石化街道为核心，打造金山滨海综合发展型城镇圈，形成滨海特色的城市副中心
闵行	一带两轴 四板块	一带：黄浦江发展带； 两轴：七莘路—沪闵路服务轴、紫竹创新轴； 四板块：北部国际商务集聚区、中部宜居生活提升区、南部科技创新核心区、东部宜居宜业文化新市镇	以“大紫竹”为核心，全力打造沪西南科创中心
奉贤	四廊三组团 多板块	四廊：依托沿杭州湾、金汇港、黄浦江，强化奉贤区与杭州湾及中心城的发展联系，依托浦南运河形成地区发展廊道，加强区域内部城镇的东西向联系； 三组团：新城、海湾、奉城三大城镇圈； 多板块：承载主要城镇、核心产业发展与新兴战略功能	重点培育奉贤新城、海湾镇、奉城镇等空间节点
崇明	三区两带 两片区	三区：崇西、崇北和崇东代表崇明区旅游特色与品牌资源的三大空间片区； 两带：崇南和崇中代表崇明区本地城镇特色和乡村特色的两条空间带； 两片区：长兴和横沙代表崇明区战略性功能板块和留白的两个片区	城镇建设空间向城桥镇及各中心镇集聚，依托城桥核心镇建设城市副中心

一分部署，九分落实。各区在实施“2035 总体规划”的过程中，还需要特别注意以下几方面：

一是要持续对标对表，处理好“一张蓝图绘到底”和动态校准发展坐标的关系，经常性地把自身发展放到全市大局中去思考和谋划，摆脱传统路径依赖，不断塑造城区发展能级和核心竞争力，避免“有愿景无路径”“抽象肯定、具象不一定”的状态。

二是要注重制度设计的未来感，在社会系统的动态变革中谋划，既要遵循历史递延的逻辑，更要增强未来引领的意识。尽早谋划面向未来、具有颠覆性意义的新生产方式、新生活方式、新交易方式和新治理方式的制度体系。

三是要更加注重内外部的连接和链接，减少现有行政区划的束缚和限制，增强与周边区域的“缝合”，加强与全球经济大循环的链接，以改革促进开放，以开放倒逼改革，积极提升城区的开放程度、国际化程度。

四是要增加法人和自然人的参与，符合市场规律的，政府要多去推动；不符合市场规律的，政府就少去推动，积极引导社会力量，让企业家和市民都参与进来，让“90 后”“00 后”“10 后”都参与进来。

五是要将面向 2035 愿景的时间表、路线图细化为“施工图”，处理好近期与中长期发展的关系，实施“挂图作战”，与“十四五”“十五五”“十六五”三个五年规划的编制统筹谋划、整体推进，确保 2035 目标顺利实现。

本文系 2018 年 8 月前滩综研自主研究成果。

浦东新区：打破制造业增长极限，打造全球性竞争优势

文 / 浦东新区先进制造业发展联合课题组

导读：先进制造业是立国之本与强国基石。国家崛起无不从制造业崛起开始，国家衰退无不从制造业式微开始。中国拥有39个工业大类、191个中类、525个小类，是全世界唯一拥有联合国产业分类中全部工业门类的国家。美国的完整度是中国的94%，日本不足中国的90%。浦东新区是国内工业门类最完整的地区之一，是上海重要的先进制造业基地，在诸多领域具有承接国家和市级重大战略的基础。

在新一代信息技术、高端装备、生物医药、新能源汽车等产业发展方面，浦东新区在全市乃至全国占主导地位。然而，近几年出现了增速下降、效率降低、发展失衡等问题。2012—2017年，新区工业总产值年均增速仅为1.8%，远低于全国工业总产值平均增速；工业增加值占GDP比重从2010年的40%下降到2018年的23%；电子信息制造、汽车制造、成套设备等原有优势产业工业产值利润率由2014年的11.23%下降至2017年的9.91%。再加上要素流动不畅、产业集群效应不突出，浦东新区制造业能级、地位、竞争力均出现下降趋势。

从国际环境看，先进制造业仍在深刻影响着国际竞争格局。发达国家纷纷实施"再工业化"战略，加强对先进制造业前瞻性布局。先进制造业的空间集聚方式不再局限于园区内，表现为更灵活、更符合城市和地区的特点。同时，在新一轮技术革命和产业变革的驱动下，先进制造业呈现出更多元的形态和生产方式。5G、人工智能、大数据、物联网等技术领域的突破将深深影响先进制造业的发展。

当前，上海进入"五个中心"建设的攻坚期。上海市委、市政府《关于浦东新区改革开放再出发实现新时代高质量发展的若干意见》为新区创新发展注入新动力。浦东新区亟需通过先进制造业重

塑自身核心竞争力，把握数字化、网络化、智能化融合发展的契机，瞄准先进制造业领域的关键核心技术和重点领域，推动先进制造业向产业链、价值链高端升级，打破制造业增长极限，打造全球性竞争优势。

一、浦东新区先进制造业发展的关键驱动要素

制约浦东新区先进制造业的关键瓶颈是对发展先进制造业的共识不足，存在重服务业发展、轻制造业升级，重外资大企业、轻本土小企业，重增量引进、轻存量转型等现象。

面向全球、面向未来，浦东新区先进制造业发展的关键驱动要素（Key Driving Factor，KDF）是：共识凝聚、空间活化、国资转型和制度创新。

（一）共识凝聚

全区上下需凝聚起发展先进制造业的强大合力，把先进制造业当成新区改革开放再出发的基石。

（二）空间活化

释放制造业发展空间，发挥更大的集聚效应，激发新动能，推动区域产业联动，促进资源要素流动。

（三）国资转型

发挥国资国企在先进制造业中的基础性、功能性、先导性作用，提升浦东新区先进制造业的国际竞争力。

（四）制度创新

扩大制造业领域的开放，集聚全球要素和资源，通过制度创新和政策突破，牵引出制造业创新变革。

二、浦东新区先进制造业发展的关键举措

（一）聚焦未来产业，谋划生产力布局

基于“中国芯”“创新药”“蓝天梦”“未来车”“数据港”“智能造”六大“硬核”产业，按照“未来引领”的发展思路，将浦东新区先进制造业分为优势支撑产业、战略培育产业、未来产业三大类

型。重点推进智能汽车、智能装备、集成电路等优势支撑产业绿色化、智能化发展，打造一批世界级的高端装备制造产业集群。加快生命健康、航空航天等战略培育产业发展，使之成为新区具有规模效应、带动能力强的重要支撑力量。积极探索光电子、量子通信、海洋科技等未来产业，着力突破前沿科学和关键核心技术。

（二）瞄准世界科技前沿，强化前瞻布局

全力打造张江综合性国家科学中心，推动张江实验室创建国家实验室，开展具有重大引领作用的跨学科、大协同科学研究，持续增强原始创新和源头创新能力。加强前沿基础研究，强化共性关键技术攻关，增强产业发展技术创新供给，构建战略性新兴产业全链条式基础应用平台体系。聚焦核心芯片、基础材料、人工智能、工业互联网、生命健康、智能汽车等领域，争取组建重点领域的国家产业创新中心和国家制造业创新中心。

（三）激发中小企业创新活力，提升综合竞争力

学习美国纽约的经验，实施“小企业优先”计划。为先进制造业中小企业提供可便利获得、成本适宜、随需响应的增值服务。鼓励中小企业采用新一代信息通信技术升级产品设计、优化生产制造流程、提升运营管理效率，加强商业模式的创新探索。支持龙头企业打造开放式产业创新平台，为中小企业提供前沿技术标准、上游产品供给、下游产品需求、产品质量及管理流程等信息支持。鼓励大中小企业联合科研院所共同组建先进制造业创新联合体，整合产业链上下游资源，发挥集群研发合力。

（四）提升区属国资国企的先导作用

发挥国资国企的“瀑布效应”，联合市场主体、社会资本共同引导先进制造业高质量发展。鼓励区属开发公司以“产业 + 基地 + 基金”的模式推动先进制造业发展。鼓励各园区开发主体依托园区产业基础，打造优势产业领域专业化的共性技术研发平台、技术转移转化平台。推动各开发主体、高校院所、产业园区相互协作，在创新链—产业链—价值链的组合中，拉开梯度和纵深，形成系统性竞争力。

（五）实施浦东创造、浦东标准、浦东质量

支持设立“产业集群品牌建设示范区”。率先建立完善浦东新区先进制造业标准体系。支持先进制造业企业制定严于国家标准、行业标准的企业标准，在国际标准组织技术机构中承担相应职能。积极创建国家级先进制造业计量测试中心、质检中心、质量控制与技术评价公共服务平台，强化“浦东质量”。

（六）培育具有竞争力的劳动力教育体系

引导制造业企业和教育机构开展合作，将专业技能培训纳入高校课程，同时为学生在企业、科研中心等校外实训场所提供就职培训。支持校企合作办学，共同承担人才培养任务。引进先进制造业领域企业大学、培训学院等，如 KUKA 学院、GE 培训中心、西门子工业技术培训中心、艾默生培训中心等。

（七）打造接力型企业政策体系

从积极的产业政策，向接力型的以企业政策为主、产业政策为辅的政策体系转变。聚焦重点产业领域的核心环节和企业痛点，分层分级分类支持。根据企业生命周期不同阶段的需求特征，给予有针对性的土地、金融、财税等政策支持。同时，推动新区内“创新苗圃—孵化—加速—转化”的空间载体畅通衔接，保障高成长性企业在不同成长阶段下的空间需求，为先进制造业项目提供空间要素资源。

本文系 2019 年 11 月浦东新区先进制造业发展联合课题组研究成果。

徐汇区：正在崛起的人工智能新高地

文 / 徐汇区贯彻“上海制造”联合课题组

导读： 徐汇区是上海市中心城区的西南门户，是上海行政资源、市场资源、科创资源、高校资源较为集中的区域。站在战略叠加期的时间窗口，徐汇要充分认识在“上海制造”全局大局中的特殊位置，充分依托区位条件和产业基础，把发展人工智能产业作为徐汇参与和引领具有全球影响力的智能制造产业集群发展的重要抓手，建设全球卓越制造基地的创新要素资源集聚地、产学研应用示范区、都市智造（微智造）承载区和科技金融策源地。

当前，徐汇面临制造业体量有限，产业链无法延展；空间有限，承载能力受制约；产学研体系不完善，成果转化率不高；跨区合作不足，区区联动尚待激活等问题，亟需从最有条件、最有优势的领域入手，实施六大专项行动，不断发挥优势、突出特色，增强竞争力。

一、产业培育与企业跃升专项行动

（一）打造两大战略性新兴产业集群

发展数字经济，依靠人工智能等新一代信息技术创新驱动，不断催生新产业、新业态、新模式，整体带动和提升新型工业化，培育壮大新动能，推动战略性新兴产业高端化、集群化、国际化发展。重点打造以人工智能为核心的信息技术产业集群，支持企业在深度学习算法、机器视觉、语音识别、芯片研发与设计、智能驾驶等前沿技术领域取得突破，形成一批拥有核心技术的人工智能企业，建成一批智能制造的产业载体，推出一批具有国际水准的应用场景。对标波士顿，重点打造以基础研究与临床医疗为特色的生命健康产业集群，推进脑科学、类脑智能基础研究与医学应用，加快人工智能技术在医疗影像、临床诊断、健康管理和药物筛选等领域中的创新应用。

（二）培育世界一流企业

培育以世界一流企业、“独角兽”企业、“隐形冠军”企业为核心的卓越制造企业群。对标世界一流企业，培育“独角兽”企业，提升全球化资源配置能力。做优“隐形冠军”企业。聚焦人工智能、智能制造、集成电路和工业设计领域，开展企业同行业对标，引导区内企业专注于数字化工厂等细分领域的技术创新、市场拓展，加大在工业设计领域的质量提升和品牌培育力度。鼓励中小企业向“专精特新”发展。

（三）加快布局未来产业

推动企业在信息技术、生命健康、新能源、新材料等领域应用技术研发和产业化，积极支持企业申报国家科技创新2030重大项目。支持企业将人工智能技术应用于制造领域，开展试点示范，发展多元化、个性化、定制化智能硬件和智能化系统。在智能家居、智能汽车、智能安防、智慧健康、智能机器人、智能可穿戴设备、智能制造装备等领域打造一批技术领先的重点企业。

（四）支持漕河泾开发区建设世界级品牌园区

深化“区区合作、品牌联动”，按照“功能集成、产业聚焦、要素完备、开放联动”的发展思路，将漕河泾开发区打造成为科技创新与产业创新深度融合、创新功能与商务功能有机联动、创新空间与创新服务配套完善的现代科技集聚区。到2020年，形成具有一定竞争力的创新集群，构建起科技创新集聚区的功能框架，初步确立在上海全球科技创新中心的功能地位。到2030年，建成上海中心城区最具有科技竞争力和创新活力的产业功能区，成为上海建设具有全球影响力的科技创新中心重要承载区。

二、空间优化与城市更新专项行动

（一）打造“一核一极一带”空间布局

有效整合空间资源，发挥区域特色资源优势，打造“一核一极一带”的人工智能发展空间布局，为不同阶段、不同层次、不同需求的市场主体提供多元化、多层次的载体支撑。

在滨江地区，重点建设西岸国际人工智能中心、西岸智慧谷和北杨人工智能特色小镇，在公共开放空间、市政基础设施和商务楼宇中，丰富人工智能应用场景，汇聚人工智能企业，积极打造人工智能国际总部基地，打造国家级人工智能产业集聚区、创新应用示范区。

在枫林地区，重点加强与高校院所、三甲医院、龙头企业的全方位、深层次合作，推进以基因工程、神经科学、人工智能、医疗大数据等为代表的科技创新，聚焦创新药物、高附加值医疗器械、高端医疗和临床研发服务、数字医疗四大领域，打造亚太一流、全球有影响力的生命健康产业发展高地。

在漕河泾开发区以及华泾地区的关港工业园、华泾工业园等传统工业制造园区，以产业链、技术链与创新链有机融合为导向，以轨道交通 15 号线为纽带，依托信息产业和科技服务业，综合考虑规划控制和环境保护要求，形成具有较强竞争力的新型智能制造产业集群。

（二）大力推进城市更新

立足建设上海科技创新中心重要承载区的功能定位，加强与漕河泾开发区发展总公司、上海仪电集团等龙头企业合作，积极推动产城融合，大力推进存量空间调整，加大增量空间拓展，合作推进建设“创鑫天地”国际科创社区和宜州路创新创业集聚带。

三、产学研协同创新专项行动

（一）打造上海市工业互联网实践示范基地

建设工业互联网创新中心，重点开展工业互联网络、核心智能装备、软件服务平台、安全保障体系等共性技术联合攻关，突破一批关键核心技术，加强工业互联网标准规范研究，加速工业互联网产学研用协同创新。依托第三方机构，建设一批工业互联网服务平台，支持建设研发设计、数据管理、工程服务、协同营销等环节的工业云平台；支持建设重点行业和区域工业大数据平台，促进信息共享和数据开放，实现产品、市场和经济运行的动态监控、预测预警，提高行业管理、决策与服务水平。配套建设一批功能型平台，支持第三方机构建设国家级的工业互联网试验验证平台，开展工业互联网解决方案评估验证；支持第三方服务机构搭建孵化实验室、融资租赁、解决方案与需求对接等配套服务平台，为不同类型的企业主体提供配套支撑服务。

（二）打造国家科技成果转移转化示范区

发挥徐汇优势，对接上海交通大学和其他科研院所、全球创新团队，促进科技成果转化，研究制订《徐汇区建设国家科技成果转移转化示范区实施意见》。积极对接工业强基工程，推动核心基础零部件、元器件、关键基础材料、先进制造工艺发展，实现工程化和产业化突破，积极支持建立重大科技成果跨区域转化协调机制。

（三）打造面向企业的产学研公共服务平台

拓宽技术改造支持范围，适应产业融合发展趋势，将软件、专利、实验、检测以及与生产制造紧密关联的技术能力建设、供应链改造等投资纳入政策支持范围。加强“政产学研用”合作，联合开展产业链关键核心技术攻关。支持商汤科技与上海交通大学共建“深度学习与计算机视觉”联合实验室，开展校企攻关行动。增强民营企业创新实力，对制造企业申请高新企业认定、创新平台建设、重大研发项目承接、行业标准制定、科技创新券等方面重点支持；积极推动外资企业创新溢出，支持其运用研发资源及全球创新网络，参与区域协同创新；支持央企在徐汇布局重大产业科技项目，建设研发总部等。

四、质量提升与品牌培育专项行动

（一）全面开展质量提升行动

出台《徐汇区开展质量提升行动实施方案》，以质量为核心，坚持社会参与，各方协同，形成全区上下共同推动质量提升和品牌建设的良好局面。支持企业开展技术创新、提升品质质量，引导企业采用CMMI（Capability Maturity Model Integration）等国际标准，奖励获评“中国质量奖”“上海市市长质量奖”“上海市质量金奖”“区长质量奖”

的企业。依托上海市智能制造协会等专业机构组织开展徐汇“两化融合”管理体系贯标试点企业申报，大力推动区内企业开展“两化融合”管理体系自评估、贯标以及融合评估，不断提升企业品质、产品质量。

（二）建设智能制造标准体系

支持企业参与标准制定，围绕消费品、高端装备等领域，制定一批具有自主知识产权的高水平“上海制造”标准，并推动成为具有影响力的国际标准，积极参与制造业领域“上海品质”产品认证。积极参与推动船舶和海洋工程装备等领域的国家技术标准创新基地的筹建，推动智能制造、物联网、智能网联汽车等产业标准化建设。

五、招国际组织与引全球活动专项行动

（一）实施“全球人工智能行动合伙人”招引计划

全球人工智能行动合伙人，从宏观层次看，包括智能生产制造服务商、智能生活服务提供商、智慧交易平台提供商等。从中观层次看，包括智能产品在工业、医疗、交通、农业、金融、物流、教育、文化、旅游等领域的集成应用。从微观层次看，包括总集成商、功能总部、分支机构、代表处等。也可以从运营属性分，包括商业机构、政府性机构、非政府组织（NGO）等。此外，还包括各国驻沪总领事、长三角各主要城市驻沪办事处负责人等。

（二）全力打响“世界人工智能大会·西岸峰会”品牌

搭建世界一流的人工智能交流平台，建设融合科技、文化与滨水生活为一体的创新体验街区，集聚全球顶尖技术、人才和企业，举办系列新技术新产品成果发布会，把西岸打造成为国家人工智能发展高地的新地标。参考美国奥斯汀“西南偏南”（音乐节＋电影节＋技术交易节），丰富活动内涵，打造面向“一带一路”、具有全球影响力的高科技公共活动。

（三）打造中国国际进口博览会人工智能常年展示交易中心

抢抓上海举办首届中国国际进口博览会契机，研究在徐汇西岸

设立一个永久性的全球人工智能产品展示交易中心。

六、国际一流营商环境持续优化专项行动

（一）建设物联专网应用示范区

加快核心区 Wi-Fi 建设：推动核心区公共区域 Wi-Fi 全覆盖，引入超大链接和超大带宽的 Wi-Fi 设备，同时挖掘基于 Wi-Fi 技术的位置服务（Location Based Services，LBS），为公众提供带宽高速、服务多元的公共 Wi-Fi。

组建新型城域物联专网：推动三大运营商在徐汇区率先部署“物联、数联、智联”三位一体的城域物联专网组网建设，承载公共安全、公共管理及公共服务领域的智慧应用，提升城市精细化管理水平。

创新多杆合一“1 + X”模式：在传统的信号灯、路灯、路铭牌合杆的基础之上，将 4G 微基站、公安监控杆、城市公共 Wi-Fi、新型城域物联专网设备、公共信息屏等信息基础设施同步整合进综合路杆中，集约资源共享，促进多元功能融合。

（二）发挥漕河泾国家知识产权服务业集聚区优势，打造知识产权保护最优区

引导制造类企业加快高价值专利的培育和布局，重点围绕人工智能、生命健康等知识产权密集型产业，培育一批高价值专利、完善知识产权保护的统筹协调机制，打造徐汇特色的知识产权服务品牌。以漕河泾开发区和徐汇滨江为重点集聚区域，打造科技金融创新服务示范区，构建服务于制造业的创新金融服务品牌。

（三）实行“积极不干预”政策监管服务措施

对区内重点企业的经营活动，实行“积极不干预”政策（服务商内部强化管理、科学管理，职能部门在外部开展非接触、非干扰、非侵入、非损毁的新监管）。基于数据链分析方法和工具，建立区域洞察动态跟踪系统（Regional Economy & Society Analyzing System，RESAS）和企业追溯追踪系统（Enterprise Operation Tracing System）。

本文系 2018 年 6 月徐汇区贯彻“上海制造”联合课题组研究成果。

静安区：将“全球服务商计划”从“大写意”变成“工笔画”

文 / 何万篷

导读：“全球服务商计划”是静安的极点性创新举措，能为静安带来拐点性发展效果。不能开会说一说，说的都是老话；媒体报一报，报的都是没有温度的统发稿；推进时走一走，不推就停一停，像电脉冲一样。我们需要以工笔画精神，对照上位要求，对标先进，对表 2035，使企业听得懂、够得着、用得好。

我们有个常设的“全球服务商计划”（Global Service Program，GSP）专项跟踪研究小组。自 2019 年 6 月 10 日静安区正式发布“全球服务商计划”以来，我们发现有这么几个特点：一是区主要领导很重视，市级部门很支持，其他中心城区很羡慕；二是新闻报道热点单一，热度时高时低，公共传播效果不尽如人意；三是企业很敏感，但总感觉云里雾里，不得其门而入，不知道“即插即用”的接口在哪里。至于国际商业社会，则基本上未起涟漪。

一、市场主体是终极受众

“全球服务商计划”的实质是积极的企业政策。其原型是新加坡的“全球贸易商计划”（GTP）。新加坡一开始提“国际商务枢纽”（IBH），企业听不懂、够不着、用不好，而“全球贸易商计划”就很好理解，就是对经过认定的贸易商，分门别类地给予差别化政策，吸引大家来集聚。集聚度越高，就越有黏性，就越能相互赋能和增值，就越有可能涌现各种新的高级功能。新加坡因此“后队变前队”，吸引亚太地区的贸易流量，并牢牢抓住了贸易背后的真正增值的东西，即产业控制力、市场定价权。今天，新加坡的 GDP 结构中，商贸业和制造业差不多各占 18%，并列第一。

把“全球服务商计划”做实，一定要扭住公共传播这个“牛鼻子”，用市场化的语言，讲好静安的全球化故事。服务业企业最在意的，不是便宜，而是绝对便利、全面安全和本质公平。对接企业和企业家生动而具象化的需求，拿出政策干货，精准地传播给市场主体，请他们充分感知静安的开放、自由、透明、稳定、多元。领导和媒体，是传播的媒介，不是终极受众。这个不能搞反。

二、不能只关注外资外企

“全球服务商计划”是深度咬合“一带一路”、长三角一体化、上海“五个中心”和“四大品牌”的静安行动，如操作得好，将能全方位、深层次、根本性地提升静安服务的能力、能量和能级，业态、形态和生态。外资外企依然重要，但是也要对内开放，广域包容，多条腿走路，培育出本土的“全球服务商”企业。来的都是客，都要服务好。政府持续优化环境，市场“混序”发展，企业“在静安、为全球”。只有这样，我们才能将创新优势转化为治理效能，转化为综合竞争力。

这里特别地要为静安扶持“中小微企业”鼓与呼一下。连纽约都提出“小企业优先”计划，我们不能简单机械地“抓大放小”。没有小企业铺天盖地，就没有大企业顶天立地。

建议尽快研究实施“静安区营商环境啄木鸟行动”，鼓励中外企业家、大小创业者，对静安的营商环境“横挑鼻子竖挑眼”，并发动公众广泛参与，一起来识别改进空间，提出优化方案，共商共建、共治共享。静安区的营商环境优势，应是动态迭代的，而不是静态固化的。编制计划、出台政策是起点，不是终点，这个不能搞反。

三、精准施策，区别对待

不妨学学美国，他们提出“pay as you grow”（支付—成长挂钩）——对处于生命周期不同阶段的企业，给予精准的制度供给。给大企业强补贴，让它们进一步长成全国冠军、全球冠军；给小企业直接减免成本，让它们活下来。我们在调研中发现，成本基本不是大企业优先考虑的事项，给大企业送装修费用等小恩小惠，相当于“给大象挠痒痒”。给中小微企业送真金白银，一定程度上诱使他们靠财政扶持过日子，产生不良商务模式。这个更加不能搞反。

为了精准施策，就要对“全球服务商计划”的落实落细，开展基于大数据的非接触、非侵入、非干扰、非损毁的创新监管。聚焦企业转化率、存活率、成长率、成功率等指标，围绕世行排名进行短期攻坚，真正“倒逼”出改革向前，“倒逼”出制度成型。

最后总结一下，“全球服务商计划”是静安区首创的自主改革，是“积极不干预”、精细服务、差别化导向的企业政策。它的初心，是创造价值。政府服务、改革联动，创造价值；企业集聚、系统集成，也能创造价值。它不是大写意，是工笔画。它是“放管服”的高级动作，是可持续、不可逆的。它营造了肥沃的土壤、清新的空气和宜人的阳光雨露。它“走近”企业，但不“走进”企业。它的使命，是零时滞、有温度，自己正确做事，保障企业做正确的事，推动企业孵化转化、成长成功。

本文系2020年1月10日作者在静安区政协一届六次会议闭幕会议上所作的大会发言。

普陀区：打造中心城区社会治理最佳实践区

文 / 普陀区社会治理联合课题组

导读：普陀区曾经是上海的老工业区，基础弱、欠账多、业态杂、密度高、流动快，转型任务重、攻坚难度大，发展不平衡不充分。站在市场经济高级化、城区生活品质化、综合改革纵深化的时间窗口，普陀区要对标国内外社会治理的最高标准、最好水平，充分贴合上海市情和普陀区情，不忘本来、面向未来，努力打造超大城市中心城区社会治理的最佳实践区和生动新样本。

当前，新的生产方式、新的生活方式、新的交易方式和新的治理方式，正在相互触发、持续迭代。超大城市中心城区的社会治理创新探索，作为新时代社会文明建设、国家治理体系和治理能力现代化的战略性和基础性工程，必须在全局大局中找准自己的位置，在社会系统的动态变革中谋划，既要遵循历史递延的逻辑，更要增强未来引领的意识。

普陀区是上海中心城区的“西北门户”，是G42“沪蓉高速”的起点，内环、中环、外环穿城而过，是上海连接苏浙皖、服务长三角和长江流域的重要功能承载区。站在市场经济高级化、城区生活品质化、综合改革纵深化的时间窗口，对标国内外社会治理的最高标准、最好水平，充分贴合上海市情和普陀区情，不忘本来、面向未来，全区达成了清晰而广泛的共识：加强和创新社会治理，营造“绝对便利、相对便宜、全面安全”的区域环境，建设“两高普陀”——高质量现代经济和高品质美好生活。

为此，必须确立这样一个目标：打造超大城市中心城区社会治理的最佳实践区和生动新样本。为了实现这个目标，要不忘初心，奔腾向前，实打实地做好四个方面的工作。

一、以党建引领和改革联动为保障，提升社会治理的集成度

切实加强区委对地区社会治理的全面领导，全区一盘棋，多部门多环节密切咬合，形成社会治理要素集聚、社会治理系统集成、社会治理改革联动的体制机制，努力实现从主要依靠党委、政府向党领导下的共建共治共享转变，从单纯管理向管理服务化转变，从"单兵种"向"集团军"转变，从被动应对处置向精准感知、预测预警、前置干预、有效预防转变。深化机关与居村党组织结对共建，引导动员区域企事业单位、社会组织共同参与社区建设、管理，实现政府治理和社会调节、居民自治的良性互动。强化条块协同，"街镇吹哨、部门报到"，让街镇有依托、有力量，做好公共服务、公共管理、公共安全这三件事情。

二、以城市更新和产业更新为抓手，提升社会治理的显示度

"拆违不拆心、封墙不封情"，既讲刚性、也带温度，全力推进创建"无违建居村（街镇）"，完成"1＋10＋X"① 的区域环境综合整治。进一步加大苏州河普陀段的整治和两岸公共空间贯通开放的工作力度，早日实现还河于民。激活区内的现代产业资源、科技创新资源、文化时尚资源、生态景观资源等，在授权赋能、先进制造、综合营运、国际活动和体验消费等领域，提前布局具有重大牵引效应的项目。彰显社会治理的空间载体形象和产业内容形象，让市民看得见摸得着，能理解肯接受，让"城市更新促进产业生长，改善居民生活"的理念深入人心。

三、以城市大脑和文化品牌为依托，提升社会治理的支撑性

综合运用互联网、物联网、大数据、人工智能等技术，"物联""数联""智联"三位一体，探索建设"智联普陀城市大脑"平台。做实、做细、做活网格化管理，"扁平化"整合各类资源和力量，运

① "1"指1个重点区块整治，即整治武威东路沿线违法建筑、安全隐患；"10"指全面推进10个街道、镇无违建居村（街镇）创建工作，确保完成90％的任务量；"X"指开展整治"三合一"场所、沿街违建商铺、地下空间隐患、无证无照餐饮等一系列专项整治行动。

用物防、技防和人防手段，提高对管理顽症和安全问题的快速发现和处置能力，把问题解决在群众开口之前。在依托信息技术支撑的同时，培育普陀有特色、有底蕴、叫得响的文化品牌，高标准建设好市少儿图书馆、沪西工人文化宫等重大设施，打造新地标、塑造新风尚。加强对历史建筑、风貌街区、产业遗存的修缮保护和科学利用，传承好城市记忆和历史文脉。以文“化”人，发挥文化对公序良俗的引领作用、对矛盾纠纷的缓冲作用。让现代技术和先进文化交相辉映，一起支撑社会治理行稳致远。

四、以居民和企业的获得感为目标，提升社会治理的普惠性

社会治理，源于人、依靠人、为了人。这个“人”，既包括自然人，也包括法人。社会治理也是生产力，便捷创造价值，安全造就安心。要把“绣花”精神贯彻到社会治理的最小单元——社区和楼宇，软件硬件一起抓、线上线下一起抓、前台后台一起抓、事前事中事后一起抓、生活服务生产服务一起抓。通过社会治理创新，让“绝对便利、相对便宜、全面安全”成为普陀区的新标签，以社会治理的总品牌，服务保障“上海服务”“上海制造”“上海购物”“上海文化”四大品牌建设的落实落细落地，助推全区各项事业发展。

本文系2018年2月普陀区社会治理联合课题组研究成果。

虹口区：加快专业服务业高质量发展

文 / 虹口区专业服务业发展联合课题组

导读：虹口因港而兴，虹口的汉语拼音首字母与中国香港的英文简称同名（HK），应该成为未来上海的入口，成为“美丽的入口”。虹口作为上海的中心城区，在落实习近平总书记对上海工作新要求的全局大局中有着特殊位置、特殊条件和特殊使命。虹口的“特”在于滨江资源和文化底蕴，希望在于发挥优势、增强特色，动力在于把资源优势转化为发展优势。

近年来，随着虹口北外滩、中部、北部三大功能区建设的深入推进，特别是北外滩功能区的集聚和辐射效应逐步显现，虹口专业服务业保持良好的增长态势。2018 年，专业服务业企业数量达到 12 600 户左右，共实现区级税收 9.2 亿元，占全区区级税收总量的 10.3%，产业规模排名区内第三，仅次于金融服务业和现代商贸业，涌现了观韬中茂、上海外服、虎扑体育、维信金科等行业头部企业。

与此同时，虹口专业服务业发展也存在产业规模较小、龙头企业较少的现实问题，亟需发挥比较优势，推动与毗邻城区，尤其是与杨浦、静安、黄浦、浦东等接壤城区的次区域融合，推动与长三角城市及“一带一路”沿线国家/地区的跨区域联动，将虹口建设成为“一带一路”桥头堡专业服务功能集聚区、国家专业服务业改革创新试验区、长三角成功企业来沪再创业再出发的首选目的地。

为此，虹口亟须达成“慢不得”“虚不得”的共识，要直面虹口问题、破解虹口瓶颈、找准虹口路径，要有逆经济周期大势的信心和顺经济规律大势的胸怀，在对照国家战略要求、对标国际最高标准、响应企业的具体化和多样化需求上，精细地“破”、创新地“立”，着力推动专业服务业领域的首创性改革、引领性开放、开拓性创新，以此撬动虹口区域能级和核心竞争力的提升。

一、优化专业服务业的生产力布局

咬合国家战略，争取上位支持，抢抓国家和地方谋划“十四五”发展规划的时间窗口。同时，编制全区重点专业服务业地图，明确专业服务业发展的重点区域。

一是打造尖峰。把北外滩地区打造成上海专业服务业发展新高地。2007 年 7 月 12 日，时任上海市委书记的习近平同志到北外滩调研时明确指出：北外滩是高端的服务业集聚区，要以北外滩服务业集聚区建设，带动城区整体功能的完善和城区总体形象的提升。目前，北外滩“第一排”效应已初步显现，要让排浪向北涌动，带动整个虹口区的发展。

二是建设高原。建设科创服务产业集群（大柏树）、文体服务产业集群（环虹口足球场）、知识服务产业集群（上海财经大学、上海外国语大学）、高端医疗服务产业集群（上海市第一人民医院、上海市第四人民医院、解放军第四一一医院等）、四川北路文化创意服务带。

三是打通廊道。用好北外滩地区 3.2 公里滨水岸线资源，增加虹口区到陆家嘴的越江轨交，推动高端专业服务要素集聚发展。提升海宁路—周家嘴路、广中路—大连西路、汶水东路—邯郸路、吴淞路—四平路等区内主要交通干道的产业功能。

二、建设人才特区

一是大力实施集聚一批适应专业服务业发展要求、具有国际化经营能力的企业家，不断扩大专业服务业人才队伍总量，进一步提高专业服务业领域的“两代表一委员”比例。

二是积极对接上海科创中心和人才高峰政策，降低海外人才进入门槛，吸引海外高层次团队和人才，鼓励企业聘用世界知名高校应届毕业生就业，为海外人才来沪工作、出入境和居留创造更加宽松便利的条件。优化高端人才的服务保障，依托上海外服（国际人才港）现有的人事公共服务平台，为专业服务企业和人才提供“一门式直通车”服务。

三是加大国际人才吸引力度，打造外国人友好城区。依托区内公共服务资源，加大对专业服务业人才的子女就学、医疗服务等保障力度，建设国际化社区、国际化街区，提升对专业服务业高端人才的居住保障水平；针对专业服务业高端人才需求，升级和完善区域教育培训、健康、文化、休闲、娱乐等公共服务设施。

三、加大高品质载体供应

上海正在分解对标，向东京学城市管理，向中国香港学自由贸易，向新加坡学综合营运，向伦敦学文化和商业交相辉映，向纽约学全球控制，向以色列和硅谷学科技创新。虹口要由“城市更新”转向“城市创新”。

一是借鉴硅巷模式，既要善于拆，更要善于建，把传统空间（犹太难民纪念馆、甜爱路等）活化；参考浙江“未来社区”，着力整治后街小巷；配套打造高品质住宅和公寓。

二是打造特色楼宇。依托北外滩功能区新建成的高品质载体，聚焦专业服务业细分领域，打造一批专业服务业特色楼宇。

三是打造外资企业涌动的新接口和新界面。进一步关注对日美招商，迎接新一轮外资潮。

四是加快四川北路沿线、大柏树地区等区块产业载体的腾笼换鸟。

四、加强政策供给的系统集成

一是按照改革创新的要求，集成产业、财政、科技、人才等配套政策，制订《虹口区促进专业服务业高质量发展的若干意见》。

二是将积极的企业政策和领先的基础设施政策耦合起来。参考新加坡“全球贸易商计划”（GTP）和上海“全球服务商计划”（GSP），制订积极的企业政策；借鉴新加坡智慧城市建设的管总规划“智慧国 2025”，制订领先的基础设施政策，争取实现“3C”：连接（Connect）、收集（Collect）和理解（Comprehend）。

三是加大财政扶持，建立考评激励机制。充分利用现有各级层面各类专项资金，建立专业服务业项目资助计划，资助有关产品研发、业务培训、课题调研、市场拓展、项目推介和经营模式创新等方面的活动。根据专业服务机构对区域经济社会贡献度给予一定奖励。

四是探索租税联动机制。对已在实体办公的企业应尽快推动其在区内注册落地，实现税收属地化。对已建成 1 万平方米以上建筑体量的地块或园中园的开发主体实行租金与税收联动政策，推动税收属地率不断提升，提高经济发展质量和效益。对税收贡献率较高的企业给予租金优惠政策。

五是建设重点园区/楼宇租税联动监测系统，动态监测跟踪重点园区/楼宇税收情况，对注册型和实体型企业税收异动情况实时分析，为产业结构调整提供决策依据。

五、开展品牌全球传播

一是将专业服务业作为“虹口品牌”传播的入口级平台，积极开展对虹口专业服务品牌、专业服务机构、专业服务领军人才的全球传播。

二是将市场主体“请进来、走出去”升级到“招国际组织、引全球活动”。谋划举办具有全球影响力的公共活动，在虹口持续举办永久性的北外滩航运论坛、世界城市文化论坛等公共活动，引入世界城市更新创新论坛等，将虹口北外滩打造成为“世界会客厅中最闪亮的一把椅子”。

三是鼓励和支持专业服务机构成立行业促进专门委员会、行业协会或战略联盟。发挥其在企业间联系沟通的桥梁纽带作用，开展形式多样的行业发展国际论坛等活动，推动虹口专业服务的国际传播。

四是积极开展公共外交，使虹口成为上海对外交往功能的重要承载地。建立虹口公共外交基金，用好涉外资源，重点对接俄罗斯驻沪总领事馆，积极对接美国、日本、以色列等国家驻沪总领事馆，加强在经济、文化等领域的合作；把企业公共外交作为整体公共外交的重要支柱，加快投资合作政策促进体系、服务保障体系和风险防控体系建设，营造良好的政策环境，推动虹口专业服务业嵌入全球产业网络。

六、持续优化营商环境

一是尽快研究实施“营商环境啄木鸟行动”，作为“大调研”的补充和延伸，鼓励创新创业者对虹口的营商环境“横挑鼻子竖挑眼”，发动公众广泛参与，一起来识别改进空间，提出优化方案，共商共建、共治共享，形成人人关心营商环境、人人推动营商环境、人人建设营商环境的大协同氛围。让虹口的营商环境提升，不再是随领导兴奋点而转移的脉冲式运动，而是真正聚焦于可持续、不可逆的投资贸易便利化，分解到转化率、存活率、成长率、成功率等指标上。

二是打造“绝对便利、相对便宜、全面安全”的营商环境，研议营商环境的高级配套动作。譬如：解决“准入不准营”问题；出台积极的、接力型的企业友好型政策；提高公共服务部门人员的待遇；就营商环境出台专门办法，“倒逼”改革向前，“倒逼”制度成型。

三是推行公平开放的市场准入制度。在明确行业要求和经营资质的前提下，推动在虹口部分专业服务业领域，试点全面放宽民间或外资资本市场准入，扩大服务领域的开放程度，促进专业服务企业数量和规模的增大，形成多元经济主体参与的充分竞争格局。

四是构建良好的社会信用制度。依托虹口区大数据中心，搭建区社会信用信息公共服务平台，加强信用信息归集，建立数据对接、更新、共享机制，依法公开政府公共信用信息。

五是健全知识产权保护制度。依托虹口知识产权服务平台，为专业服务机构提供全方位的知识产权政策服务、托管服务、质押融资服务、教育培训服务等，提升知识产权创造、运用、保护和管理水平。

本文系2019年8月虹口区专业服务业发展联合课题组研究成果。

奉贤区：加快建设“上海南部中心城市”

文 / 何万篷

导读：“十三五”进程过半，市区两级“2035 总体规划”铿锵落地。大上海之南、杭州湾之北的奉贤，战略性机遇前所未有，约束性条件亟待破解。不能因为偏居一隅，暂时落后，而不敢畅想，不敢实践。人总是在自我怀疑和得过且过中，荒废了奋进和崛起的时间窗口。

新时代高品质生活牵引的高质量发展，在诸如新的生产方式、新的生活方式、新的交易方式和新的治理方式等方面，均要求我们超越思维定势和路径惯性，在大局全局中识别奉贤的特殊位置和特殊优势，开创性乃至颠覆性地谋划未来之路。

我们需要精准回答一系列问题，并达成广泛而清晰的认识：

——奉贤发展最顽固的短板，在于连接（和市区、周边地区之通联）和链接（在全球生产分工网络和价值体系之嵌入）。连接可能是基础设施等硬件问题，链接则可能是制度供给等软件问题。这些问题长期困扰着奉贤，使得集聚现代化、高能级产业要素的能力被“中低端锁定”，呈现出明显的“本地化市场”特点，无法深入融合在大都市经济和全球经济循环中，甚至与前沿技术和新兴产业“绝缘”。

——奉贤发展最显性的长板，在于以奉贤新城为载体，成功打造了一个配套齐备、品质优良、人口集聚、服务均等的综合型平台。消费促进、商贸流通的城市功能已具备，准百万级人口的城市规模已形成。未来提升生产服务、科技创新、先进制造、金融支撑、交通枢纽等功能，增强资源集聚度、企业活跃度、社会创新度、市场外向度，是应有之意。

——奉贤发展最宝贵的机遇，在于以实在动作解决实际问题，即参与到“政治逻辑”和“经济逻辑”紧密咬合的长三角一体化战略进程中。共建共享、互联互通、“流留结合”、“以流促留”，成为本轮长三角一体化的内在要求。奉贤必须以“上海南部中心城市”之首位度和枢纽性，连接周边、链接全球，参与和引领长三角竞争合作。

——奉贤发展最充沛的动力，就是以“东方美谷”为全域性战略性集合的产业迭代。“东方美谷”的终极目标是人民的美好生活，过程中“引一接二连三”，涉及的产业门类多、链条长。关键是培育与之相适应的营商环境和产业体系，做实做强，固化优化，形成三区（城区、园区、校区）联动，三链（技术链、产业链、资本链）联动，三级（国家、上海市、奉贤区）联动，三态（技、工、贸）联动的势头。产业竞争力是城市竞争力之源泉，“东方美谷”建设的绩效将极大影响“上海南部中心城市”建设的绩效。可对标日本地方创生背景下的专业型国家战略特区和法国竞争力极点的发展策略，消化吸收，务实创新。

——奉贤发展最坚韧的保障，就是治理能力现代化。首先，是在坚持中国特色、上海特点、奉贤特质的基础上，导入国际化理念和专业化手段，因地制宜大胆实践，打造硅谷模式（科研机构驱动，在城市外围建设园区基地）、硅巷模式（通过城市更新促进产业生长）、波兹曼模式（让有风景的地方兴起新经济）和乡村振兴的生动样本。

为此，奉贤不能按部就班，唯有本着拐点思维、极点思维，不忘本来、吸收外来、面向未来，大胆闯、自主改，开展情景模拟和循证决策，来制订高中低三套方案。高方案：激进型；中方案：变革型；低方案：务实型。三个方案对环境、目标、指标、路径、节点、任务，均要给出细化交待。奉贤的基本取向，是立足中方案（变革型），尽可能地抓住机遇，创造条件，积极跃迁，动态权变，“能快则快，宜稳则稳”。

为此，我们需要研究以下内容：

——奉贤的商贸物流中心、时尚生活中心、先进制造中心（标配），技术创新高地、金融创新高地、生产服务高地（待努力），交通枢纽（差很远）等。

——奉贤和上海市区的关系。

——奉贤和周边区的关系（浦东、金山、闵行，次区域融合）。

——奉贤和长三角城市的关系（跨区域联动）。

——奉贤区内部关系（奉贤新城继续“极化”；其他乡镇呈衰减收缩之势?）。

——奉贤区和大海（杭州湾）的关系（如何用好岸线等海洋资源）。

——奉贤区和黄浦江的关系（到2035年，黄浦江奉贤段将会如何）。

——奉贤的榜样（到底是谁?如何对标、对表）。

为此，除了常规思路任务，我们还有如下建议：

——为在奉贤创新创业的人才，提供一定期限的免租公寓、创业保险、“优惠医疗优质教育”等服务。“人”定胜天，一定要加大流量。

——探索“奉贤孵化，全国转化”。吸引长三角乃至全国的城市，来奉贤设立各种形式的窗口机构。“全国中小企业节”等相关活动的大旗，要扛到底，要不断升级。

——将东方金融小镇转型为全球首个金融科技园（Fintech Park）。和金融机构、科技公司联合成立金融科技园联合实验室。

——参考北京怀柔雁栖湖和海南博鳌等地，在海湾森林公园积极谋划和引入高能级外事活动，促其永久性落户。“很中国、最上海、在奉贤”的元素是什么?

——参考美国奥斯汀“西南偏南”，在“上海之鱼”（金海湖）举办具有全球影响力的公共活动（音乐节+电影节+技术交易节）。

——激活大学城，设立类似中科院深圳先进技术研究院的应用性研发平台。

——开展“央企伙伴”活动。精准承接中央企业的产业化项目，如中车的智能建造、制造、新能源汽车等。

——开展“区区合作”活动，和张江、紫竹、临港等“结对子”，成为成果转移转化目的地。

——开展“高校伙伴”活动，成立各类高等研究院，甚至吸引研究生院落户。

——争取成为未来重大体育赛事活动的主场地。

——争取长三角重大交通枢纽（譬如，真正的高铁“上海南站”）落地。谋划城市快速道路、高速公路、高铁、机场、跨海公铁联运大桥等。

——加快综合保税区建设，主动参与长三角自由贸易集群建设，参与“一带一路”建设。

——建设奉贤区域洞察系统，开展基于大数据的非接触、非干扰、非侵入、非损毁创新监管。

……

在此过程中，我们务必注意以下几方面内容：规避落后过剩产能、不良商务模式的导入；“农家乐”的规模和形态；房价、地价等要素成本的异动；专业物资市场的升级改造；城市公共安全风险的防控等。

本文系作者 2018 年 4 月在某次关于奉贤区专场讨论会议上的发言要点。

第二章

解读上海

关于"全球服务商计划"的若干初步设想

文 / 吴昀华　何万篷

导读：在新时代高质量的大背景下，作为"一带一路"的桥头堡和"长三角一体化"的龙头，上海市应全面对照国家要求、对标顶级全球城市、对接市场主体生动而多样化的需求、对表城市发展的进度，主动融入全球创新网络，更好地代表国家参与国际合作与竞争，实践"全球市场、中国价值、上海服务"的使命。

当前，全球城市服务业发展呈现成长速度加快、产业聚集程度提高、服务内容高端化的趋势特征。以纽约、伦敦、东京等城市为例，其服务业占 GDP 的比重超过 85%，服务业的就业人数占总就业人数达到 70%以上。

为推进上海"一带一路"桥头堡、长三角一体化和"五个中心"建设，上海提出打响"四大品牌"，以"上海服务"为总纲领、牵引"上海制造""上海购物""上海文化"的全面提质增效，深度嵌入全球价值网络体系，成为上海高质量发展的新引擎。为进一步扩大开放，提升上海城市核心竞争力，打造具有全球影响力的资源配置中心，前滩综研特提出"全球服务商计划"，力争实现市场主体的密度和活跃度在全国遥遥领先的目标。

一、"全球服务商"的内涵

"全球服务商"是全球经济大循环中的"系统集成者"，特指在全球供应链或价值链的某一环节具有关键技术、核心资源优势，能够统筹国内、国外两大市场，资源整合能力强、产业辐射范围广、综合效益高的现代化市场主体，是一个企业发展的相对高级的阶段，体现了企业在价值链中的地位。

纵观国内外取得成功的跨国企业，都具备以下特点：追求所提供价值的普适性；打造品牌的能力；与合作伙伴共进退；克服语言障碍；着眼建立全球化业务的客户；对接国际标准及主动参与国际标准制定；善用小微贷款；善于捕捉官方经营市场的民营化机会等。

“全球服务商”涵盖信息资讯的汇总者、商务模式的设计者、游戏规则的制定者、资本金融的供给者、市场秩序的调控者。从宏观层次分析，包括：新生产方式的服务商、新生活方式的服务商、新交易方式的服务商等。从中观层次分析，包括：先进制造服务商、商贸流通服务商、专业服务商、金融服务商、数字经济服务商、国际组织与机构等。从微观层次分析，包括：总集成商、功能总部、分支机构、代表处等。

未来应重点关注国内外应用领域具备专业能力和专业知识，具有知识、技术、人才密集等特征，具备成长型、跳变型、未来引领型产业的高附加值、高产出、高创新、高融合、强辐射特点，连接周边、链接全球、新技术赋能、组织化增值，处于现代化产业体系价值链高端的市场主体。

二、实施“全球服务商计划”的若干举措

（一）积极引进国内外职能型营运服务商，推进国际资源要素集聚

重点引进“GaWC 名录”、Fortune500、Forbes1000 中的国际和国内大型企业集团来沪设立区域职能中心；同步引进在行业中具有爆发力、居于创新龙头位置的国内（外）企业。主动申请减少“负面清单”限制条款、放宽市场准入标准，引进和培育国内外专业服务提供商，在部分领域允许外资全资运营。

（二）推动“央企伙伴”计划，夯实区域经济实力

主动对接央企，借助上海“五个中心”建设，尤其是上海科创中心建设的机遇，吸引央企落户第二总部或区域总部。组织央企招商推介会、市区两级联动洽谈会等形式，为央企落户搭建平台；同时密切跟踪关注央企的混改进程。

对接长三角一体化和“一带一路”桥头堡行动方案，挖掘区域建设发展中的机会点，包括但不限于城市基础设施、大科学装置、产业研发和转化、能源、教育、医疗等领域，一方面对接区域内生需求，一方面接引“走出去”战略。借助上海金融中心的优势，积极对接企业资管中心、对接国内外资本，助力企业对外扩张。

（三）鼓励企业提升能级，扩大区域影响力

鼓励跨国企业分支机构、地区总部提升能级，实现由分公司、办事处到区域性总部的梯度转型升级，逐步形成具有决策、管理、研发、投资等高端智能的营运中心。推动金融机构设立区域营运总部或结算、投资和交易中心等。力争到2020年在沪亚太区域总部数量翻番，有效辐射、服务周边区域，代表国家参与国际合作竞争。

（四）培育平台型企业，造就内生新动力

“全球服务商计划”中，一个重要特征是提升国内、国外资源整合能力。未来，要充分结合人工智能和大数据领域的发展趋势，重点聚焦新交易方式，新生活、新生产和新治理模式。抓大不放小，关注并扶持高速成长型企业，培育新兴行业的“独角兽”和“瞪羚羊”。

在“全球服务商”培育阶段，着重鼓励本地及域外企业搭建双边或多边的交易和服务平台，大力发展平台经济。有效连接国内外产品供应商和终端顾客，整合现有生产、渠道和市场等优势，推动供需双方交易或信息交换的便利化。积极利用大数据、物联网、云计算、人工智能等现代化技术手段，实现资源协调、企业协作、管理协同的快速响应，为供需双方提供直接精准、有效的数据支撑。结合上海的资源禀赋及发展重点，建议培育大数据服务商、产业互联网平台、生命健康服务商、跨境电子商务服务商、企业综合服务商和知识服务商（智库及专业咨询服务商、法律/会计/人力资源服务商、检验检测服务商和设计/营销服务商）等。

（五）推动金融创新，丰富金融服务功能

进一步放宽境外金融机构准入限制，吸引重点金融机构来沪发展，率先支持外资设立证券公司、基金公司、期货公司，取消外资持股比例限制。争取在本市全面放开资产管理、金融管理、基金、有限合伙等注册，放宽外商设立投资性公司条件，允许外资机构在上海市试点合格境内有限合伙人（QDLP），推动跨国公司资管总部落地。吸引长三角合作与发展共同促进基金总部落户上海。

实施“申城沙箱”计划，在规定区域内提供一个试验区（如某栋楼宇或园区内），在这个试验区内放松产品和服务的法律监管和约束，鼓励金融科技初创企业对创新的产品、服务、商业模式和交付机制进行大胆操作。推出“创新测试许可”（ITL）：允许合格的金融科技公司、区块链企业（不包括代币业务），在不受所有通常适用于监管企业的要求下，在沙箱内开发并测试创新概念。

（六）做实载体内涵，打造服务标准策源地

依托上海已有一定影响力的若干载体，如“世界人工智能大会”“‘一带一路’桥头堡”“中国（上海）自由贸易试验区”“服务业综合改革试点”“国际消费城市示范区”等，主动对接服务长三角区域乃至全国，构筑创新服务产业链。通过服务、人才、品牌、资本、资源“走出去”，构建全新的合作形式，以“上海服务”引领全国发展。

通过全面提升服务水平，夯实上海的软硬实力。通过自发或组织的形式，诚邀各类各行业的龙头企业，携手专业机构制定国际、国内、行业指标体系和标准，编写多语版本，适应全球化发展的大趋势，将上海市打造成全国服务业标准制定的策源地。同时，编写年度《全球服务商白皮书》，在世界各大城市发布。

（七）建设中央法务区，健全法制保障

尽早制订《上海市重点商标保护名录》，突出涉外高知名度商标保护，建立健全技术事实查明体系，为技术类知识产权案件审判提供专业支持。开展涉知识产权国际贸易纠纷产业影响评估和企业应对服务，发挥各大外资律所的作用，帮助海外投资企业防范双向投资中的政策风险。争取国家主管部门授权设立（上海）商标海外维权保护办公室。借助上海马德里商标国际注册窗口，争取将受理范围向长三角和华东地区辐射，并进一步全面承担全国商标马德里国际注册审查。借助海外力量，推动国内律所与跨国律师团队合作，进一步扩大内地与港澳联营律师事务所的服务范围，加强本土企业

在海外的谈判能力，提供法律保障。

发动各职能部门和法律专业人士，在现有法律框架下，共同研究与“五个中心”建设相匹配的法律体系。在贸易业态、企业注册、海关监管、税收政策、国际人才等法律法规限制领域，如与现实法律有冲突但急需放开的情形下，可提请全国人大常委会授权国务院在相应区域内暂停相关法律实施，推动相关新功能、新业态加快在上海落地，并逐步探索完善，最终形成常态化的法律法规。

申请最高人民法院在上海开设国际商事法庭，并成立上海本地的国际商事专家委员会，聘请中外专家成为专家委员，保障国际商事法庭审判工作的顺利开展，建立国际商事争端解决机制，支持调解、仲裁、诉讼等多元方式解决国际商事纠纷，为上海企业开展国际业务提供法律保障。

（八）参与全球路演，建设国家对外交往中心

选择纽约、伦敦、巴黎、东京、新加坡等地举办“全球服务商”推介会，参与全球路演，扩大海外“朋友圈”。建立战略合作，不断发展新时代下的“友好城市”能级和规模。加强与伦敦、纽约、中国香港、新加坡等国际金融、贸易中心城市及“一带一路”沿线国家和地区主要经贸城市的交流，深化与港、澳、台等合作。设立国际城市月或城市年，双向交流沟通，持续提升上海市在全球的影响力，让更多全球企业、机构了解上海、投资上海、置业上海。

以提升国际交往能力为核心，借助上海市便捷的区位优势、深厚的文化底蕴、优质的办公载体、良好的环境，招引建设具有全球影响力的组织和机构。发起成立自律、自治、共建、共享的经贸服务发展共同体，包括但不限于各类专业行业研究会、商会组织、引导基金、数据联盟等机构。发起设立中国合格评定国家认可委员会上海服务平台，建设“一带一路”文化交流国际合作中心。同步，吸引国际组织设立总部二机构（如联合国教科文组织“二类机构”教师教育中心落户上海等），以及各类长三角合作机构或组织的总部。

本文系 2018 年 10 月前滩综研自主研究成果。

临港新片区：特殊经济功能区+全球风尚自由城

文 / 前滩综研专家组

导读：2019 年 8 月 6 日，各界翘首以盼的《中国（上海）自由贸易试验区临港新片区总体方案》重磅出炉。作为新成员，临港新片区毫无疑问是上海自贸试验区改革开放的再深化、发展空间的再扩大，但决不能简单看作是物理上的新扩区，更应视为战略上的新赋能。如何认识新片区、建设新片区、发展新片区，需要站在世界经贸新变局之广度、国家战略新布局之高度、全球城市新样本之深度，进行具象把握。

一、临港新片区的“新”使命

总体来看，无论是 2013 年设立的、2015 年扩区的老片区，还是 2019 年增设的新片区，都是我国主动应对国际经贸形势变化的重大战略举措。2013 年，美国高高举起跨太平洋伙伴关系协定（TPP）、跨大西洋贸易与投资伙伴协定（TTIP）“两洋战略”和《双边投资协定 2012 年范本》，试图重塑国际高标准经贸规则。全国第一个自贸试验区在上海顺势而生，其承载的一项重要使命，就是要为更好应对国际经贸规则挑战而探索经验。2019 年，“美国退群”“美国优先”成为常态，美国在相对劣势领域实行保护主义、在相对优势领域实行自由主义的双重标准，正在深刻影响着全球供应链布局。如果说前一阶段上海自贸试验区建设更加体现率先深度融入经济全球化，那么新片区建设则更加凸显中国在逆全球化背景下主动引领经济全球化健康发展的责任担当，上海再次挺身在改革开放最前沿。

具体来看，新片区与老片区以及其他自贸试验区共同承载着率先探索构建开放型经济新体制的目标任务，都强调以制度创新为核心、以防范风险为底线。但与老片区以及其他自贸试验区相比，新片区更加突出开放度，核心使命是服务对外开放总体战略布局，而不是强调引领面上改革的可复制可推广；新片区更加突出自由化，制度安排是在投资贸易便利化的基础上更加强调货物、资金、人员、技术、信息等要素的跨境自由流动，并明确建设“境内关外”的洋山特殊综合保税区；新片区更加突出差异化，主攻方向是国家战略需要而其他地区尚不具备实施条件的重点领域，在税制安排及人才制度等方面实施特殊政策；新片区更加突出极点效应，发展目标是要建成经济密度高、国际竞争力强的特殊经济功能区，打造新的经济增长极。

二、临港新片区的“新”定位

国家赋予临港新片区的“新”定位是打造具有国际市场竞争力和影响力的特殊经济功能区，可以从以下三个方面来进行诠释。

（一）面向全球，新片区应当着力成为新兴、新型的“超级联系人”

经济全球化是世界市场经济发展的必然结果，必将随着全球交通、信息等基础设施的互联互通而不断深入，绝不会因为一些风浪而停滞不前。在当前贸易保护主义盛行这种逆潮流发展的国际形势下，在中国成为引领经济全球化棋手的时代背景下，新片区打造新的全球“超级联系人”恰逢其时。要成为“超级联系人”，先决条件就是要最大限度地对标中国香港、新加坡，实现投资自由、贸易自由、资金自由、运输自由、人员自由，最大限度地适用国际通行规则并引领数字贸易等新型国际经贸规则制订；重要元素就是要成为全球资源配置的枢纽节点，跨国公司在这里能够有效管理全球资本、调拨跨境资金、实现离岸结算，中国“走出去”的企业在这里能够有效统筹国际国内业务而不需要去海外设立资金管理平台。

（二）服务全国，新片区应当成为破除“卡脖子”技术风险的前沿产业新高地

贸易战的背后更是技术战的较量，谁真正占据产业链和创新链的最高端，谁将拥有真正的话语权。临港地区通过实施多轮特别机

制特殊政策，已经形成了先进制造业集群，为新片区打造前沿产业新高地奠定了基础。再加上此次新片区特殊政策中已明确的“建立以关键核心技术为突破口的前沿产业集群”“实施具有国际竞争力的税收制度和政策”“实施自由便利的人员管理”等，新片区具备了空间资源、产业基础和特殊政策优势，但要打造前沿产业新高地，还需要在促进跨境研发便利化、构建高效全球研发体系上下功夫，才能真正成为新技术、新产业的策源地。

（三）放眼上海，新片区应当成为产业和城市高度融合的全球风尚自由城

临港新片区绝不应是定位于片面的、单纯的产业园和开发区，而是要打造与特殊经济功能区相得益彰的全球风尚自由城。临港优越的自然环境是重要基础，投资贸易自由化、人才从业自由化的营商环境是重要支撑。展望未来，应着眼于上海全球城市建设，对整个新片区进行整体规划、超前规划，打造面向未来的国际一流现代化新城；在人居环境上，既要建设一批高端国际学校、国际医院，允许外籍教职人员、医护人员自由执业，服务好国际化高端人才的需求，又要促进基础教育医疗资源的优质化，使得新片区成为各类人才近悦远来的宜业、宜居、宜学、宜游的高地。

三、临港新片区的“新”挑战

要实现国家赋予临港新片区的战略定位，仅仅靠现有自贸试验区制度创新的复制推广和现行框架的常规推进是难以实现的。新片区的建设，将面临若干新的挑战。

（一）处理好制度创设与赋权改革的关系

要实现“五大自由”，就必须突破一系列现行法律法规的束缚。一方面，要充分用好中央赋予新片区参照经济特区管理的重大支持政策，争取全国人大授权支持新片区适用《立法法》的经济特区条款（经济特区所在地的省、市的人民代表大会及其常务委员会根据全国人民代表大会的授权决定，制定法规，在经济特区范围内实施）；另一方面，要积极争取全国人大常委会授权国务院在新片区暂时调整适用有关法律法规，有效克服改革碎片化、市场主体无感的老问题。

（二）处理好“境内关外”与国内市场的关系

新片区明确建设洋山特殊综合保税区，目标是实行“境内关外”的制度体系。从全球范围来看，“境内关外”是高水平自由贸易港、自由贸易园区的基本特征。相比新加坡等自由贸易港，新片区的独特优势是长三角的腹地优势，简单套用“境内关外”将使得新片区的围网区域成为孤岛。在围网区域，既要满足企业按照“境内关外”模式运作国际业务，又要满足企业在服务国内市场时实现“二线便利”，最根本的是要真正从物理围网向信息围网转变。

（三）处理好“压力测试”与预期稳定的关系

新片区将比老片区承担更加重要的压力测试功能。“压力测试”往往是一把“双刃剑”，参与测试有利于企业拓展新业务，但是一旦个别试点企业出现风险点就可能面临业务暂停的风险。要处理好“压力测试”与预期稳定的关系，应当广泛运用“创新沙箱”或“监管沙盒”的理念和方法，让“压力测试”的子弹多飞一会儿，让市场自我调节的手段发挥得更加充分一点。

（四）处理好增量改革与“虹吸效应”的关系

有些人士担心新片区的特殊支持政策将有可能吸引其他区域的存量企业迁移，造成“虹吸效应”。新片区的制度创新和特殊支持政策，应当始终聚焦国家战略需要、国际市场需求大、对开放度要求高、但其他地区尚不具备实施条件的重点领域，始终坚持在吸引国际增量和发展新技术、新业态、新模式上做文章。既要防止政策空转，也要规避存量资源的简单化空间大挪移。

（五）处理好新片区与老片区的关系

上海自贸试验区的老片区都是浦东开发开放近 30 年发展起来的成熟区域，具有得天独厚的资源禀赋优势、产业集群优势。上海自贸试验区要在服务全国改革开放大局中发挥标杆引领作用，既要求新片区开展差异化探索，又要求老片区制度创新复制推广的力度不能减、高质量发展的能级提升速度不能慢。在举全市之力支持新片区建设的同时，需要对老片区改革予以更大力度的支持，真正实现新老片区联动发展、错位发展。

面向未来，面向全球，对照中央要求，对标“国际最高标准最好水平”，对接企业诉求，决战新片区，建设未来城，这片寸土寸金之地定能飞出新的金凤凰。

本文系2019年8月前滩综研自主研究成果。

关于临港新片区未来发展的四点建议

文 / 何万篷

导读：如果说奥巴马时期的 TPP、TTIP、TISA 等，是为了达到 ABC（Anyone But China）的效果；那么特朗普执政后，他追求的要么是更严苛的新规则，要么就退群。所以我们用临港新片区和海南自贸港来应对。

上海自贸试验区临港新片区的设立，有着十分复杂的历史背景。为应对奥巴马政府在投资贸易新规则方面的一系列动作，我们的决策层准确识变、科学应变、主动求变，在 2013 年采取了两项重大举措。一项是“一带一路”倡议，在福建、新疆两个核心区的基础上，2017 年又进一步将上海明确为桥头堡。前滩综研很荣幸，配合上海市发改委，做了部分的前期研究工作。另一项就是率先在上海建设自贸试验区，到今天全国一共是 18 个自贸试验区。同样是围绕“3 + 1”，即“投资自由化、贸易便利化、金融国际化 + 治理现代化”这条基本主线，自贸试验区重在“放管服”，重在营商环境优化，重在可复制可推广；自贸港和新片区，重在自由化，重在“极点政策，拐点效应”，大部分内容突出特定地域、特定领域、特别政策，是很难复制和推广的。

第一个建议：临港新片区要打造全球风尚自由城

2019 年 8 月 6 日，国务院正式印发《中国（上海）自由贸易试验区临港新片区总体方案》。当天，我接受了《人民日报》记者的电话采访，一激动，提出“自由临港”四个字。没想到《人民日报》用了，还上了“学习强国”。这让我们充分感知到，新时代、高质量、深改革、再开放的力度和魄力。如何理解“自由临港”，或者说如何理解临港新片区？我们分别从经济定位和城市定位两个角度切入：前者，总书记已经有说法——特殊经济功能区；后者，市里也有了说法。我们又提了一个建议——全球风尚自由城。特殊经济功能区和全球风尚自由城，合在一起，就是临港新片区的要义。

临港新片区要承载的，就是面向全球、定义未来的使命，就是上海发展的新动能。这个新动能，KDF 就是开放经济、消费社会、科技创新、多元文化和智慧治理。新片区不是扩区，是增设，更是创设。国外的自贸港，一般始于先进制造和现代物流，兴于综合贸易的综合服务，持续于金融创新。其标配是便利化，其核心竞争力是自由化。当然，人家更多是点状（譬如迪拜，一栋楼也可以是自贸港）、块状（譬如新加坡，基本是 1～2 平方公里）。临港新片区是连绵状的港口、产业区、城区和腹地，它更像中国香港，是一个自由贸易城。当然，这个“自由”，是“形式的自由 + 实质的自由”。

从最理想的角度，临港新片区是否可以构筑“尖峰—高原—廊道—网络”的生产力布局。譬如，要从保税港区转型为特殊综保区的洋山，它就是个尖峰，极小范围、极大自由；陆域部分，就应该是个高原；然后通过有形的产业廊道，构造无形的生产分工和价值分配网络。做实离岸、重在转口，服务贸易勃发、科技创新引领、先进制造支撑、市场枢纽配置、国家安全保障。临港新片区的交通条件，可以说是国际一流（海港空港信息港）、国内二流（链入“轨交上的长三角一体化”有短板）、上海三流（路网密度太低）。所以，想提的第一个建议是，改善新片区交通条件，让它能高效地连接周边，深度地链接全球。

第二个建议：减化与简化临港新片区的规则制度

特朗普上台后，实施了美国版的“放管服”，其中有 2 条，让人印象深刻。第一条是“1 换 2”。他说：20 世纪 60 年代时，美国联邦规则汇编只有 2 万页，现在膨胀到了 18.5 万页。我比你们都聪明吧，但是我都看不过来、看不明白，你们怎么办？现在必须这样处理，每出台一项新规则，前提是消灭两项旧规则。让人印象深刻的第二条是"pay as you grow"，也就是直接给小企业减免成本，让它们活下来；向大企业提供大补贴，长得越大、越快，财政补贴就越多，让它们成为全国冠军、全球冠军。我个人对特朗普对内财经政策的理解，就是实行积极的企业政策，这和2001年新加坡搞的"全球贸易商计划"（GTP）是一个道理。新加坡一开始提"国际商务枢纽"（IBH），企业听不懂、够不上、用不好，而"全球贸易商计划"就很好理解，就是对经过认定的贸易商，分门别类地给予差别化政策，吸引大家来集聚。新加坡从此"后队变前队"，吸引了亚太地区的贸易流量，并牢牢抓住了贸易背后真正增值的东西——产业控制力和市场定价权。今天，新加坡的GDP构成中，并列第一是制造业和商贸业，各占18%。产业迭代快进缓退，保持永远的新经济。

第三个建议：临港新片区要积极开展差异化探索

我们对18个自贸试验区的现行政策进行梳理，发现80%的内容是同构的。临港新片区一定要走出"两有两没有"的新路——全国其他地方没有、上海有；上海其他地方没有，新片区有。常规的产业发展和技术突破，我不展开，举个新加坡的例子。新加坡除了马六甲海峡卡别人脖子，还有新东西——亚太信息枢纽。如果我们不能在信息便捷联通上有大突破，后面会很被动。再有一个，就是临港新片区如何和建设全球海洋中心城市结合。现在全国就上海和深圳有这个政策额度，而上海在这方面的动作，还不够生动具象，主动性也不够，以至于知晓此事的人都不多。再譬如从业自由或者执业自由，这是国际上高能级资源要素集聚非常重要的模式。我每次在滴水湖总能想起日内瓦湖。瑞士是典型的个人自由执业和企业自由展业的目的地。为什么有那么多的金融机构，那么多的医药公司注册在瑞士，就是这个道理。

最后一个建议：临港新片区要从未来回到当下

先想清楚2050年临港新片区的全球影响力，然后回到2035年，制订法定的路线图，再回到2025年，也就是"十四五"末。我们在目标、指标和坐标上，都要有明确的说法。不是简单地回来，而是基于市场逻辑，也就是有丰富的市场应用场景。我们今天要探讨研究的是政策逻辑，往上接政治逻辑，往下接市场逻辑。我个人觉得市场逻辑是第一位的，没有市场逻辑，政策逻辑的配置是扭曲拧巴的。上海自贸试验区临港新片区是无与伦比的，但还是要仰望星空，脚踏实地，冲过一个又一个坏掉的“红灯”，理顺一段又一段“肠梗阻”。当下的困难，全是活结，没有死结。

本文系 2019 年 11 月 25 日作者在上海自贸试验区临港新片区经济社会发展战略规划研究专家座谈会上的发言要点。

疫情背景下临港新片区高质量发展的对策思考

文 / 前滩综研临港新片区专项课题组

导读：临港新片区是新时代党中央赋予上海的又一次历史性机遇，全力推动临港新片区总体方案落地落实，将进一步增强上海开放优势，显著提高“五个中心”建设能级和核心竞争力。2020 年初，新冠肺炎疫情爆发，对我国经济发展产生了一定的冲击，临港新片区建设也受到一定程度影响。应对疫情影响，临港新片区有关部门既要“救急”，也要“谋远”，两手都要硬。尤其是在约束条件下，更应主动出击、紧急应对，先行先试、实事实做，保持热力、逆势奋进，在 2020 年实现“早期收获”。

一、临港新片区应对当前疫情面临的主要问题

（一）全球关注度下降

根据前滩综研《全球智库动态》研究报告的监测，海外“官—产—学—金—媒”等各界对新片区高度关注，无不寄予厚望。根据相关搜索引擎全球搜索热度显示，2019 年新片区总体方案发布后，搜索热度明显上升达到顶峰，其后持续走低。前滩综研认为：受疫情影响，国际社会开始忧虑中国经济会有技术性衰退，动摇中国的供应链中枢地位，从而对亚洲乃至世界经济带来无法弥补的损失。即便疫情过后重新启动贸易投资、提振经济景气，以新片区为目的地的高能级资源要素导入也将可能被延宕、分流。

（二）既有和潜在投资项目变数陡增

在新片区 2020 年重大项目建设计划中，新开工项目 84 个，占总数约 65%；预备项目 19 个，占总项目数 15%。这些项目可能因劳动力短缺、船期调整、国际市场需求转向等，面临复工难、推广难、物流难、销售难等挑战。

（三）国际航运综合营运功能削弱

世界卫生组织（WHO）将此次的疫情列为国际关注突发公共卫生事件（PHEIC），使得上海以外向型经济为特点的发展模式受到空前冲击，对外出口短中期内面临困境。据统计，上海港集装箱吞吐量中“水水中转”比例超过45%，而经由长江水道沿线重庆、武汉、宜昌等城市的“水水中转”比例超过25%。国内中转箱量的萎缩以及国际航线缩减、停靠港业务的减少等，都将对洋山港的航运功能带来压力，存在被阶段性削弱的风险。洋山特殊综合保税区作为新片区建设国际一流航运枢纽的重要载体，在当前非常时期推出，可能不利于调动足够的市场兴奋度。

（四）引进海外高级人才面临障碍

临港新片区通过实行有竞争力的人才政策和特别税制安排，吸引海内外高级人才，打造国际人才高地。然而，随着人员流动减缓，海外高级专家、一流团队将可能重新评估在沪工作、居留的意向和计划，未来一段时间，增量人才预期不明朗。

（五）国际重大公共活动可能停摆

世界顶尖科学家论坛、国际女子帆船赛、世界X-CAT摩托艇锦标赛等，一批国际有影响力的公共活动和体育赛事将可能被迫推迟，甚至取消。鉴于此类活动周期性和持续性要求，一旦被取消，可能意味着在未来较长时间内无法在新片区内重新举办。

二、对策建议

（一）研究出台强化市场预期的政策“组合拳”

研判疫情发展和市场预期，抢抓时机，连续出台政策“组合拳”，形成“四个集中”的先发态势：

1. 集中发布一批国家事权范围的重大政策文件。聚焦洋山特殊综保区、金融创新等关注度高的政策等。

2. 集中落地一批地方事权范围的支持政策。聚焦人才、产业、土地、营商环境等，比如出台新片区国际人才专项政策（包括商务人士出入境许可）、新兴产业规划（推出一批产业园区）、新片区版营商环境方案（打造新片区国际化营商环境标杆）。

3. 集中推出一批重大项目。结合重大规划的发布，聚焦标志性企业、枢纽型设施、重量级项目的推出，吸引市场主体参与。

4. 集中攻关前期难度大、含金量高的政策。积极争取国家支持，聚焦新片区具备较好实施条件、能够提升国家医疗卫生综合能力、有效对冲疫情消极影响等领域开展试点。比如重大医疗设备进口、生物医药研发销售以及高端离岸贸易、跨境数据流动、商务人士出入境等方面在新片区先行先试。

（二）建立企业复工项目开工统筹协调机制

考虑到2020年是新片区的全面开局之年，在确保安全前提下，企业及时复工和项目有序开工，对于推进新片区建设、带动全市经济发展具有重要作用，要予以充分保障。有如下建议：

1. 建立企业复工统筹保障机制。梳理区内企业的情况，对于如特斯拉等重点企业，加强资源保障和工作指导，确保其安全及时复工，派驻临时性的驻企防疫专员，负责保障协调。

2. 建立重大项目统筹协调机制。加强市各部门协同，开设新片区重大项目审批服务特别通道，由分管市领导牵头，确保重大项目年内及时开工。

3. 尽快启动中长期重大项目前期工作。借鉴SARS后的经验（上海提前启动外环隧道、卢浦大桥等一批重大基础设施项目），建议尽快启动和研究一批中长期项目，加快推进土地指标等前期工作。

（三）做好疫后经济补偿性增长的政策储备

加强前瞻研究，做好疫后经济补偿性增长的政策预案。

1. 推进港口服务能力建设。加快推进“智慧港口”建设，全面启动“无人集卡”试点，提升港口的服务能力，加快恢复营运功能。研究预防由于疫后订单集中、抢出口，导致集装箱运价剧烈波动等“次生伤害”。

2. 做好内外投资服务保障。加强与金融等部门的沟通协调，对疫后可能出现大量境内外投资项目等，做好服务保障预案，畅通渠道，扩大融资平台。

3. 做好新兴产业服务保障。促进工业互联网、数字经济等新兴产业的快速发展，利用 5G，大力发展工业互联网，跨境服务贸易、跨境金融服务，充分利用已有的产业和技术基础，推进“互联网 + 先进制造业”融合发展，打造国家工业互联网创新示范区，重点聚焦智能工厂、工业云平台、工业大数据中心，积极支持区内企业进行智能化改造。

（四）营造更加安全宜居的生活环境

考虑到未来新片区要打造集聚海内外人才的国际创新协同重要基地的目标，为了最大限度减少疫情可能带来的负面影响，有如下建议：

1. 加强新片区城市管理的透明度。探索建立新片区城市管理社会参与委员会，邀请区内企业家、海外人才、学者以及其他相关人员共同参与，增加城市管理运营的透明度。

2. 加强新片区人才健康服务保障机制。研究建立新片区人才健康服务档案，加强政企合作，为各类人才提供更加完善的健康服务。

（五）加大新片区对外宣传力度

受疫情影响，新片区的关注度，尤其是海外关注度有所下降，有如下建议：

1. 要做好国际重大活动和赛事的如期或延期举办工作。加强前期沟通协调，积极争取计划安排的国际公共活动和体育赛事年内举办，增加新片区的关注度。

2. 要研究在新片区举办上海传统的重大国际活动和赛事。建议将 2020 年上海市市长国际企业家咨询会、进博会等重大公共活动放在新片区，集中对外宣传资源，形成全球关注的热度。

3. 要研究积极吸引国际组织落户新片区。争取国家支持，将科技、医疗、经济等领域相关的国际组织吸引到新片区，增强国际标识度，增强国际社会信心。

4. 加强整体宣传推介。学习华为等企业应对美国科技封锁的做法，由主要领导或首席新闻官（专设）出面，广泛邀请全球知名媒体，面向全球科学家和企业家，开展公关活动。可以聘请若干传播大使，生动、具象地诠释新片区的新担当和新机会，引领注意力，广交各界朋友，化解各方疑虑。

（六）创新招商引资手段

设立国别/地区招商小组，人机互动，检索目标企业的动态资讯。健全企业生态，开放应用场景。针对处于不同生命周期的企业，提供差别化的制度和资源供给。以“pay as you grow”原则，向头部企业提供财政补贴，支持它们迅速成为全国冠军、全球冠军。以直接减免成本为原则，打造中小企业的“肥田沃土”。让市场主体的“四率”（即高转化率、高存活率、高成长率、高成功率）成为新片区的金字招牌。

（七）建立风险监测和防范体系

风险，来自制度的不良结构、物体的不良状态和人员的不良行为。建议结合新片区的新场景，依托人工智能、区块链、云计算、大数据，通过新技术新工具，为现代化治理体系赋能。参考日本经济产业省的 RESAS 和纽约消防局的 FIRECAST 理念，实时、动态、多源、多维地监测经济发展和社会管理。尤其是对制度变革创新，事先进行情景模拟、循证决策，并储备全景预案，在过程中及时调校。知风险，识风险，止风险。

本文系 2020 年 2 月前滩综研自主研究成果专报。

关于上海自贸试验区新片区产业选择的粗浅思考

文 / 前滩综研上海自贸试验区新片区专项课题组

导读：上海如何不忘本来、吸收外来、引领未来？如何高位、深层、广域、聚焦地嵌入全球生产分工网络和价值体系？如何实现新旧动能转换？如何构筑竞争合作新优势？增设上海自贸试验区新片区，正是战略性的制度供给引爆点和改革开放再出发的“牛鼻子”。

上海自贸试验区新片区增设的内在发展逻辑，始于现代物流，兴于综合贸易的综合服务，持续于金融创新。其标配是便利化，其核心竞争力是自由化，其具体内容是改革之集成、制度之集合、运营商之集群，其核心要义是极点政策、拐点效应，做实离岸、重在转口，服务贸易引领、科技创新支撑，市场枢纽配置、国家安全保障。

一、全球三大自由贸易区各有所长

自由贸易区始于港航，兴于贸易服务，持续于金融创新，便利化是其标配，自由化是其核心竞争力。其中，综合贸易的综合服务，是自由贸易区的基础性产业或本源性产业。必须借助高度自由便利的硬环境和软服务，留下“贸易背后巨大的附加值”。

前滩综研通过比较研究新加坡、迪拜、中国香港全球三大自由贸易区发现，全球自由贸易区的建设各有所长，主要有以下特点：第一，新加坡模式是点上放、面上管，主动、有序、有限的自由化，充分发挥了“燎原”作用；迪拜模式是夹杂着复杂宗教文化与现代文明之间的被动自由化；中国香港模式是全域自由化。第二，新加坡产业体系是保持先进制造业的恰当权重（20%），推动产业的协调发展；而迪拜和中国香港主要偏重于服务（贸易、金融）领域。第三，上述三个自由贸易区面临最大的挑战均来自人、财、物穿透二线的管理。

二、上海自贸试验区新片区产业体系构想

上海自贸试验区新片区打造的产业体系应是复合且具有未来引领性的。通过“贸易+”，不断向全球价值链顶端升级，构建高质量的现代化产业体系，包括但不限于国际贸易、航运物流、科技创新、金融服务、能源服务、制造加工等。

（一）打造以转口离岸等为重点的国际贸易枢纽

上海自贸试验区新片区要大力拓展“We Trade”（共同贸易行动）全球贸易网络，加快集聚国际一流贸易商，大力吸引全球企业入驻，增强国际贸易货物、信息、服务整合能力，打造链接世界的全球贸易枢纽。

1. 转口（离岸）贸易

发挥自贸试验区新片区的连接器作用，吸引跨国及本土贸易企业在区内设立离岸贸易主体，加强离岸结算机构的建设，高水平打造亚太地区的离岸贸易枢纽。支持企业发展品牌、研发、组装、维修、分拨和结算等产业链高端业务，促进面向腹地市场的商品要素在中转地自由流动。

2. 数字贸易

依托国家跨境电子商务综合试验区建设，创新跨境电商服务和海外仓共享模式，大力发展以“跨境电商+大数据”为代表的数字贸易，支持跨境电商企业建设国际配送平台、境外综合运营中心和跨境贸易数据中心。与互联网龙头企业深度合作，建设覆盖全球的网上自由贸易区，整合跨境贸易各大环节，更好地融入境外零售体系。重点打造和引进一批国内外工业制品交易综合型和垂直型平台企业，完善中国制造业产业链，将上海自贸试验区新片区打造成为新型国际贸易动能的策源地。

3. 进口贸易

聚焦产品价值链高端环节，持续放大“中国国际进口博览会”

效应，大力发展高品质高附加值消费品、电子产品和高技术工农业制成品，扩大高质量进口商品的供给，健全贸易壁垒和贸易摩擦应对机制，建设常态化的国际高端进口商品展示交易中心。

4. 服务贸易

坚持货物贸易与服务贸易双轮驱动，重点发展文化贸易、技术贸易、服务外包、专业服务等技术密集型服务业，加强医疗、体育、教育、增值电信等特色服务领域的国际交流合作。

（二）打造以国际中转等为重点的航运物流体系

发挥全球贸易海空陆交汇点优势，通过强化水水中转、海空联运等多种物流体系建设，允许自贸试验区新片区内航运企业自由通航和自由经营，提升物流增值服务水平。

1. 国际中转

依托远洋干线优势，提升运营和航线服务功能，重点发展国际集装箱中转集拼和国内出口集装箱中转业务，允许外籍班轮开展国内沿海港口和自贸试验区之间的沿海捎带业务，开展国际货物多式联运、无船承运等业务，打造以集装箱运输和转口贸易为重点的国际集装箱中转物流枢纽。

2. 供应链物流

完善国际进口贸易物流服务功能，鼓励企业在自贸试验区新片区内设立采购中心、分拨中心和配送中心，重点发展国际冷链物流、进口汽车等专业物流。引进一批全球顶尖的仓储管理、组装加工、分拨配送等供应链平台型企业，搭建综合服务平台，健全全球供应链体系，促进供应链管理与国际贸易融合互动，打造国际经贸合作供应链创新试验区。

3. 高端港航服务

做大做强航运全产业链，大力发展以国际船舶注册、船舶交易、船务服务、海员培训、航运仲裁等为重点的专业服务，积极发展国际船舶运输、国际船舶管理、国际航运经纪等产业。提升上海航运交易所对外服务的能力和影响力，建设航运大数据中心，发展航运运价指数衍生品交易业务，探索形成具有国际竞争力的航运发展制度和运作模式。

（三）打造以离岸研发等为重点的科技创新中心

借鉴新加坡成功经验，吸引全球科创企业，尤其是“一带一路”沿线的新产业、新技术前往上海自贸试验区新片区实现“离岸孵化”，将全球自由贸易区转型为全球创新中心。凭借自贸试验区新片区制度和政策优势大力集聚一批科研机构、科技巨头、初创企业、风险投资、孵化器和加速器，积极嵌入全球创新网络，打造开放型科技创新中心，成为全球创新网络的重要节点。

1. 离岸研发

鼓励区内企业依托全球顶尖科创资源设立国际离岸研发中心，支持境外企业、高校科研机构在区内设立线上离岸研发平台，积极开展跨境知识产权交易、科技成果转移转化和境外预孵化、境内项目引进等活动，为本土及域外企业提供离岸研发服务。借助自贸试验区新片区内高端研发设施保税的优势，做强离岸科创孵化，实现与国内重大科学基础设施（如：张江国家实验室）形成联动，打通和内陆实体经济的关联节点，鼓励企业“离岸孵化，在岸转化”，让创新成果就近实现转化。全力建设科技产业资源链接平台，以大企业为核心，建设各类专业性科创中心，提升离岸研发的有效性和针对性。

2. 数字经济

充分借助智慧系统，减少人工干预，提升信息技术对自贸试验区新片区建设带来的便利性，发展以大数据、云计算、信息安全、人工智能为核心的数字经济，引进培育一批具有国际竞争力的大数据企业，发展在线数据交易与处理业务。加强区块链、虚拟现实、脑智科技等前沿技术创新及产业化。创新金融支付手段，推进信息服务在安全条件下对外资局部开放，打造国际一流的“数据特区”，提升在全球大数据领域的资源掌控、技术支撑和价值挖掘能力。

3. 文化创意

加强引进国际一流的设计组织和知名设计机构，支持龙头企业、高校科研机构搭建线上线下并存的创客平台和创客设计服务中心，推广应用跨界设计、柔性设计、云设计等新技术、新方法，大力发展工业设计、产品设计、视觉设计、平面设计等创意设计产业。

4. 科技服务

集聚全球顶级咨询服务企业、科技研发机构、广告及传媒服务公司，大力发展创业孵化、科技推广与技术转移、知识产权服务、检验检测等科技服务业态，建设一批国际双向产能合作科技园、国际技术转移中心，打造国际科技服务与合作的大市场。

（四）打造以跨境金融等为重点的金融服务示范区

以资金流通便利为核心，以服务国际贸易和港航物流为重点，加快推进以离岸金融、绿色金融、海洋金融、类金融为重点的新金融发展示范区建设，建设成为金融创新发展的实践区。以促进贸易自由便利化为原则，出台金融宽松措施，鼓励创新金融业态发展。

1. 跨境金融

支持金融机构以自贸试验区新片区为载体，加大跨境业务尤其是跨境人民币产品的创新力度。大力发展国际供应链金融和跨境股权投资业务，打造中国资本活力中心和“产业—金融”对接中心。鼓励有资质的金融机构在自贸试验区新片区内开展离岸业务，允许同一主体内两个不同账户实行资金划转；打造离岸金融服务中心和“一带一路”项目投融资服务平台。支持上海银行和浦发银行扩大展业地域、做大做强，努力将其打造成服务“一带一路”的特色银行。支持国家开发银行、进出口银行积极争取 PSL 资金（抵押补充贷款），优先用于区内企业在“一带一路”沿线国家的项目建设。

2. 外资金融

放宽金融准入及业务范围，支持在自贸试验区新片区内设立外资控股银行和独资银行，探索设立信贷资产证券化试点。充分发挥上海金融机构集聚的优势，鼓励中外商业银行、投资银行、风投基金、融资租赁、小额信贷机构等入驻自贸试验区新片区开展金融业务，支撑实体经济发展。

3. 保险创新

支持保险机构在自贸试验区新片区开展跨境保险、离岸保险、保险资金跨境运用等业务创新，促进与“一带一路”沿线国家的贸易往来。在自贸试验区新片区设立“一带一路”财产保险公司，为企业参与“一带一路”建设提供一揽子保险服务。

4. 航运金融

允许境内外保险公司和保险经纪公司等服务中介设立总部，大力发展船舶保险、海上货运险、保赔保险等传统保险业务，积极探索新型航运保险业务。

5. 产业并购

积极引进一批国际级专业性投行，通过自贸试验区新片区良好的投融资环境，组建各类并购基金，为国际并购提供较为充裕的资金支持，降低并购成本，积极组建自贸试验区“全球并购网”，促进国内企业有效对接海外高新技术。

（五）打造以高附加值生产为重点的先进制造业高地

以打造世界级先进制造业集群为己任，借助自贸试验区新片区各类生产要素的自由流动，扬上海实体经济之优，与长三角区域内城市构建新型的生产分工体系，着力培育高附加值产业，将上海自贸试验区新片区建设成具有全球影响力的产业高地。

1. 电子信息

以新一代信息技术产业为突破，以精密零部件制造、电子制造系统、半导体组装与测试、集成电路、信息通信设备为重点，积极引进和培育一批电子电器整机制造企业，以转口加工为切入点，不断提升研发设计和相关零部件配套能力，打造集研发设计、生产制造、信息服务于一体的电子信息产业集群。

2. 环保产业

以国际循环产业园的标准建设自贸试验区新片区，积极发展污水处理、固体废弃物处理、污染防治、土壤修复等产业，以周边制造业的工业废弃物为原材料，发展新型废物处理再循环技术，持续提升自贸试验区新片区生态环境。

3. 生物医药

以龙头企业为主体，发展国内领先的药物制造；运用自贸试验区新片区优势，开发自主创新的化学药物创新品种；发展高性能医学影像设备、临床检验设备、医用机器人、可穿戴设备等先进医疗设备制造。

4. 海洋产业

贯彻上海海洋特色产业的发展要求，重点发展海工装备、高端船舶、船舶修理等船舶海工产业链。

在产业的综合发展中，持续推进科技创新，以区内产业驱动区外产业的协同迭代，以自贸试验区新片区作为载体发挥引领功效，做大做强上述产业。同时，积极培育发展旅游、体育赛事、文化创意、高端消费等现代服务经济，推进生产生态有机融合，为产业功能提供服务支撑。

上海在全力建设自贸试验区新片区的同时，应务实推进各项改革创新，把建设的过程，变成凝聚共识的过程，持续提升区域影响力、构筑新动能。增设上海自贸试验区新片区，是开创性的壮举，没有太多现成路径可以简单套用，还要承受诸多非预期的风险。如何实施非接触、非干扰、非侵入、非损毁的监管，是重大挑战。需要未雨绸缪，前瞻性开展情景模拟，并建立健全征信制度、区域洞察系统、企业不良行为追溯追踪平台等，继续为推进国家治理体系和治理能力现代化和各项制度创新迈好步、探好路。

本文系 2018 年 12 月前滩综研自主研究成果专报。

免于复制推广的创新生态系统

文 / 吴　蓉

导读：由局部地区的先行先试，到更大范围的复制推广，是突破现有观念、制度约束，减少或避免改革的反复、震荡或一哄而上导致的失控，推动全局改革开放有序、深度、快速发展的有效策略。但一些制度创新者则在避开"可复制推广"，寻求"免于复制推广"。

形成可复制推广的模式和经验，前提是从国家争取到了制度创新的先行先试权，虽然改革创新需要极大的努力和付出，但国家战略试验的定位优势、创新形成带来的先发优势，这些制度创新的红利具有绝对诱惑力。从接受复制推广的地区角度，有现成改革创新经验做法能够借鉴，当然是好事。自贸试验区在短时期内获得影响力，在全国范围快速推进，与可复制推广这一理念的主导是分不开的。

随着改革迈向深水区，开放走向高质量，改革突破"攻坚战"也更不容易打。可复制推广这一"无缝对接"节奏，意味着一个试验区改革先行的先发优势窗口期会大大缩短，制度创新红利会很快被稀释，尤其是那些市场潜力大的政策性、流程性创新，一点突破、批量示范随即成为标准模式。因此，最大化制度创新红利也就成为当前地方政府开展创新试验的重要考量。

一个是地方特色策略，一般从地方区位与资源的独特性、人文和传统的历史唯一性、产业基础和市场空间的优越性等当地优势领域，着手选择探索改革的关键点，一旦有突破，容易成为所在地方的特色点，体现为地方发展优势，从而留足制度创新的地方红利。

另一个是唯一性策略。地方特色还是免不了创新红利的较快流失。而特殊的、只停留于特定区域的、一时半会儿不可复制推广的唯一性策略，既可以从国家战略角度出发部署，如海南的自由贸易港，也可以是地方结合落实国家战略需要提出的诉求，如临港新片区的特殊经济功能区。

客观上，试验区直接排斥或暂时保留可复制推广，需要强大的理由和充足的说服力。尤其在设计与推行具有优惠性的政策与机制方面，那些成功有效而又暂时不希望被复制推广的事项，更是需要国家特别的规定与提示来作出限定。

对地方来说，制度创新尤其对支持产业发展的政策创新，保持唯一性自然是最优的策略。深圳特区和浦东新区几十来取得巨大的成就，除了敢为人先的开放创新作为，一定程度上还得益于较长一段时间内保持了制度政策的特定性。特区建设和浦东开发开放，起步发展阶段都没有在短时间内被大面积推广，两地的开放和创新获得了持续的先发优势。

从更为拓展的角度，排他的定位与特有的政策，并不是确保制度创新获得特殊优势不被轻易复制摊薄的唯一路径。特别是在科技创新、高端产业集聚发展上，靠一些单项机制政策的突破，所能起到的作用是有限的。真正独特和难以复制的应该是创新的生态系统。借助制度创新如果打造了一个优良的创新生态系统，就可在一定时期一定范围形成其创新驱动的独一无二性。

像上海这样的开放型大都市，不论在科技创新，还是在贸易航运发展上，拥有了不少独具吸引力的优质创新要素，比如科研机构、人才条件、市场主体、金融能力等。单是这些要素和条件的独立存在，并不会自然构成好的创新生态，还需要优越的创新生态环境。

创新环境可以有不同的理解和定义。德勤在解析中国创新生态系时把创新环境指标化为创新战略、创新基础、创新氛围和创新成本几个方面。笔者认为，要把创新环境视为支撑激发创新主体、协同创新资源和促进创新能力演进的交叉交互的社会创新生态环境。这个环境不但有很多的“加”，还将包含“减”“乘”“除”等多种关系规则和协同机制。

具体到上海的创新发展，只有从创新生态系统的创新构建上下足功夫，才能在全球创新竞争升级格局中胜人一筹。现在是花力气研究优化上海创新生态所需要的制度环节和创新重点的时候了，这是造就城市核心竞争力的“尖端”工程。不论临港新片区的规划发展，还是全市科创中心的全面推进，甚或国际贸易中心和国际航运中心建设，它们的制度创新具有内在的不可复制性。也只有这样的制度创新，能为上海担负起“策源”与“引领”使命，自信地面向全球竞争支撑起全方位优势。

主动开放、创新开放，大国担当、大城担当

文 / 何万篷

> **导读**：2018 年 11 月 5 日，首届中国国际进口博览会在上海开幕。国家主席习近平出席开幕式并发表题为“共建创新包容的开放型世界经济”的主旨演讲，强调中国推动更高水平开放的脚步不会停滞，推动建设开放型世界经济的脚步不会停滞，推动构建人类命运共同体的脚步不会停滞。

第一财经：今天的直播现场，我们特别邀请到了上海前滩新兴产业研究院院长何万篷先生来解读今天进博会的亮点，欢迎何先生来到节目当中！首先要请教您的是，看完了习主席在进博会开幕式上的主旨演讲后，您的感受是什么？

请扫描二维码
浏览采访视频

何万篷：上午聆听学习了习主席的主旨演讲，很是振奋。最大的感受是主动开放、创新开放、大国担当、大城担当。从远的角度来讲，进博会是对世博会的一种迭代，它加入了交易贸易的功能；从近的角度来讲，它是昨天刚刚闭幕的广交会的一种接力，当然它侧重于买买买。通过进博会这样一个新平台，我们可以眺望未来。这个未来是什么？可能就是开放型经济和消费型社会。我感觉这是对中国发展阶段的深刻洞见，是对市场经济客观规律的精准把握。

第一财经：您对于本届进博会的成功举办有些什么样的期待？

何万篷：有四个方面的期待。用一句话概括就是，希望通过琳琅满目的优质商品和创新服务，能看到更多新的生产方式、新的生活方式、新的交易方式和新的治理方式。

第一财经：目前全球环境的不确定性在大大增加，在这个当口我们举办首届进博会，在您看来这个意义到底是什么？

何万篷：不确定的是外部环境，最确定的是中国路径。在这个当口举办进博会，第一是要宣示我们对外开放的一种决心。过去40年，中国年均经济增长9.5%，但是进口的增长速度年均要达到18.1%。说明我们对外开放的大门是越开越大，没有关上。第二，要展示我们改革开放的成果。最大的成果就是消费市场的成长，就是在今年或明年，中国可能成为全球最大的消费市场，达到6万亿美元。第三，是激发自由贸易的活力。第四，是共享面向未来的机会。

第一财经：我们再来说说中国外贸格局的变化。刚才您提到了从广交会到进博会，过去是扩大出口，现在是要扩大进口，您觉得中国的外贸格局发生了什么样的变化？

何万篷：显而易见有这么一些变化：优质优价，优进优出，进出口平衡，内外贸一体化，请进来走出去结合，线上线下融合。

第一财经：在全球的贸易格局当中，您觉得随着进博会的举办，中国将扮演一个什么样的角色？

何万篷：包容性的新引擎。我觉得这样的作用越来越发挥出来，这样的角色已经基本成型。

第一财经：请问何先生，为什么首届中国国际进口博览会将展址最终选在了上海，您觉得这个用意是什么？又为什么会选择在上海推出科创板和进行注册制的试点？

请扫描二维码
浏览采访视频

何万篷：选址上海，是由上海在消费促进和贸易服务的全局大局当中的特殊位置、特殊条件和特殊使命所决定的。我们看上海的特殊位置。上海是全国最大的消费城市，2017年的社会消费品零售总额超过1万亿元人民币；上海又是全球最大的口岸贸易城市，2017年的贸易规模也要超过1万亿美元，占到全球贸易总额的3.4%。通过上海进口的汽车占到了全国的48%，医疗器械占到了全国的46%，化妆品占到了全国的53%，服装占到了全国的70%。其次，是上海开放的特殊条件。看上海的开放格局，最早的保税区和最早的自贸试验区都是在上海；上海的开放设施，有两个机场，有集装箱吞吐量连续八年占世界第一的上海港；还有上海的开放制度，有开放100条；最关键的是上海的开放环境，我们的城市精神海纳百川。

第一财经：所以天时地利人和最终选在了上海。那科创板和注册制的试点为什么选择在上海?

何万篷：这是市场的需要，市场的呼声。上海要建全球科创中心，必须要强有力地给它一个金融的支撑。所以，科创板按我的理解就是宽准入、严监管，通过这样的一种新的制度安排，来助推上海全球科创中心的建设。

第一财经：这一次习主席还带来了一个好消息，把长三角区域一体化发展上升为国家战略。在新形势之下，长三角的协同发展又将会走一条什么样的新路?对于整个中国经济的发展又可能会起到什么样的示范作用?

何万篷：我理解的长三角一体化，它实际上是要建设未来发展的一个高原，在这个高原上，上海是一个尖峰，尖峰有多高，动能就有多大，动能转化为势能，势能再转化为带动力。这就是上海在其中发挥的作用，对未来长三角一体化它是不可或缺的。长三角一体化可以这么来理解，它是共同美好生活、区域协同创新体系、自由贸易集群、先进制造集群。这些都需要上海发挥龙头带动作用。

第一财经：进口博览会来的都是海外的客商和产品。但是回过头来看，进口博览会对本国和本地的企业会产生一些什么样的促进作用?

何万篷：市场经济的要义是流量经济。流留结合，以流促留，贸易驱动、创造、放大流量，包括货物流、资金流、人流、信息流。我们以前所擅长的是出去的货物流，那么现在要进来。另外，还有刚才讲到的资金、人才、信息等，这些都属于服务贸易，是我们不大擅长的。所以，由以前以出去为主的货物流，要转化为“出去—进来”，还要把货物流动和服务贸易的流动结合在一起。我觉得这当中本土企业的机会很大。

本文系 2018 年 11 月 5 日作者就首届中国国际进口博览会有关热点接受《第一财经·财经夜行线》的专访。

打造具有全球影响力的金融信息高地

文 / 刘文富　何万篷

导读：商品的一般等价物是货币，货币的一般等价物是信息。金融信息事关资源配置、价值发现、市场稳定。金融信息基础设施，作为战略性功能平台，是上海金融供给侧结构性改革的重要工作内容。金融信息服务业大发展，更是打赢“后贸易摩擦”阶段国际复杂斗争的利器。上海应充分感知全球金融市场演化，参与金融信息博弈，培育本土金融信息企业，发展金融信息市场，彰显金融信息影响力，引领金融新秩序，建设国际金融中心。

贸易摩擦的影响是全面的、深刻的、长远的。中美已进入“有管理的全面竞争”模式，在“政治战”统领下，贸易摩擦是初阶形态，金融战是高阶形态。金融战的牛鼻子是金融信息战。贸易谈判即将“成交”，这尚在我们熟悉甚至擅长的领域，但是随后的金融暗战，完全是我们所陌生的、不可控的、受制于人的。应该是开始准备后面金融斗争的时候了。

一、全球金融信息市场大解构

全球金融信息市场发展很快，但是有两大媒体巨人，汤森路透（Thomson Reuters）和彭博（Bloomberg），就像是皇冠上的两块巨型钻石，因为它们深深盘踞在人类利润最丰厚的市场——金融信息市场。两大集团的营收分别达到 113 亿美元（2017 年）和 100 亿美元（2018 年），其中分别有 54% 和 85% 都来自独有的新闻输送平台——金融终端机。

二、国内金融信息市场情况分析

国内金融信息的供给，分这样几个层面：第一个是官方层面。

那就是包括新华社、中国金融信息中心（位于陆家嘴）、中新经纬等，具有政府背景。第二是金融机构，包括众多银行、券商等，它们有向客户提供信息披露的义务，提供投资理财咨询服务。第三是新兴财经网站（如和讯、金融界等）与门户网站的财经频道（新浪财经、东方财富等）。第四是民间的自媒体，自媒体当中也有不少人在发自己的财经评判，在市场上有一定影响。第五是外媒在华服务。

国内金融信息服务受众从使用情况来看，证券研究所人员、金融媒体从业人员平时主要看彭博、英国《金融时报》，这些都是要付费的。一方面是工作需要，另一方面真的可以得到有质量的信息，英文世界的信息质量高得多。

上海具有多家信息服务商。在金融信息服务业领域，上海有第一财经、新华财经、东方财富网、万得资讯等金融信息服务提供商。

国内金融信息服务的主要问题包括：从金融信息服务商角度看，国内目前主要龙头是万得，但其国际化信息不足，新华社有一部分，但不够专业化，第一财经的影响力还有限，整体上金融信息与国际比差距大，难以满足“一带一路”合作及金融中心建设需求。

三、关于上海发展金融信息、建设国际金融中心相关的对策和建议

（一）发展方向

开放创新是金融信息服务业发展的强劲动力，加快上海金融信息工作，要把推进金融开放创新摆在重要位置。鼓励内部创新，打造金融信息服务的生态体系，充分结合最新技术，运用“智能＋”的理念构建金融信息服务的全方位市场版图。以“市场、政府、企业三螺旋”逻辑精准洞察金融信息市场需求，以商业落地、生态渗透为市场驱动，借助国家战略、政府力量、社会资源等助推螺旋，加速金融信息服务本土企业的健康成长。

（二）发展原则

金融信息需要权威性、及时性、专有性。

（三）发展对策和上海担当

上海金融信息服务业发展战略：参与金融信息博弈，培育本土金融信息企业，发展金融信息市场，做强金融信息影响力，调整职能部门分工，引领金融新秩序，建设国际金融中心。

金融信息基础设施，就是系统重要性的基础设施。

参照汤森路透的经验，我国金融信息领域的发展，应当重点围绕"信息、技术和专家"三大要素。其中信息是基础，技术是支撑，专家是保障。

1. 打造龙头企业，实现产业链全覆盖

重点围绕上海金融信息服务骨干企业，借助产业链的全覆盖，形成一至两家龙头主导企业，通过自身所具备的对产业链上中下游的影响力，积极建立完善的金融信息产业链。

聚焦金融信息服务业，着力提升产业能级。推动研发应用，提升金融资讯服务能力。主动走出去，扩充境外金融信息资源。

2. 打造完整的金融信息服务产业链

加大金融标准化的工作力度，推动金融领域各项业务的规范发展，建设并形成面向国内外金融机构的信息与数据交换服务枢纽，形成一条较完整的金融信息服务产业链。有效增强上海现代服务业的立足点，提升城市功能与综合竞争力。

推动金融信息化服务创新战略。加强金融信息服务平台的建设。实施金融信息数字化融媒体战略。

3. 优化政府服务，形成有效推力

加快信息披露制度建设，增强信息有效性，适度地放开金融信息的传播。现在金融信息的传播，特别是公司信息很多受到管制。在金融信息管理方面，现在我们都想管起来，但是最可怕的就是管成一个声音。

出台"金融信息服务商"专项规划。跨界聚合，打造"财经融媒体新智库"，使之发挥"世界风、中国情、上海心、智库眼"的洞见和远见功能。

加强金融信息服务监管。建立金融信息风险预警评估系统和专家委员会机制；建立金融中心金融风险压力测试信息模拟体系。

利用新兴技术，为客户提供优质金融信息服务。

本文系 2019 年 3 月前滩综研自主研究成果专报。

国引民进、混序共生，启动上海国资国企新改革

文 / 前滩综研国资国企改革专项课题组

导读：2018 年是个敏感复杂的年份，经济动能转换出现“双趋弱”新动向——外资外企投资扩张意愿趋弱、民资民企投资扩张能力趋弱。在此背景下，中国可能已进入存量改革阶段。而国资国企正是上海发展的最大存量资源，有必要对新时代国资国企改革进行再审视、再谋划、再提升，果敢、凌厉地启动以大开放为鲜明特征的国资国企新改革，倒逼存量、稳住增量，以实现经济社会的高质量发展。

改革开放 40 年，上海国资国企改革开放（人们讲到国企的改革时，往往忽略了开放）为全国打造了“上海样本”，提供了“上海经验”。2017 年，上海地方国企实现营业收入 3.3 万亿元（占全国地方国企营收的 15.4%），利润总额 3 605 亿元（占全国地方国企利润的 32.1%），资产总额 18.59 万亿元（占全国地方国企资产的 24.3%），多项主要指标继续保持全国第一。可以说，国资国企，已经成为上海的稳定之锚、发展之源。上海地方国企已连续多年保持生产总值占全市 GDP 的 1/4，新增固定资产投资占全市1/4。尤其是当经济下行压力加大之际，国资国企更是中流砥柱、定海神针。

一、过去 40 年的历史性成就

回望过去 40 年，上海国资国企与时俱进、持续迭代的一条主线清晰可见。1978—1992 年间，上海国资国企发展基本是随着全国的大流往前走，简而言之可概括为“1－2－3”——以扩大企业经营自主权为核心，注重单个企业的突破、开展单项改革的试点，实行厂长负责制、探索股份制、推进劳动合同制。

第一轮真正意义上的大改革，始于1993年，标志性动作是“转体改制”，主要内容是将主管局翻牌为控股集团公司，可概括为“1+1+1”——转变国企经营机制、搞活整个行业、加强国资管理。

第二轮改革始于2003年，标志性动作是成立市国资委（全国第一个省级国资监管机构）和市国资委党委，主要内容是“3个集中”“3个收缩”，即“3+3”——向支柱产业集中，向大企业集中，向主业集中；纵向收缩国资层级，横向收缩国资跨度，点上收缩国资比重。

第三轮改革始于2008年，标志性动作是“开放性市场化企业重组”，主要内容简而言之是“1+1”，即资产资本化，资本证券化。具体工作包括推动产业类企业（集团）的优势资源向主业集中、推动有条件的国企向总承包商总集成商转型发展、分类别设置法人治理结构、推进国资证券化、取消企业领导行政级别等。

第四轮改革始于2013年，标志性动作是发布“上海国资国企改革20条”，即以市场化专业化国际化为导向，发展混合所有制经济，以国资改革带动国企改革，提升国有经济活力、控制力、影响力、抗风险能力。具体工作包括：明确国企功能定位并实施分类管理、规范设置法人治理结构、完善激励约束分配制度、建立公开透明规范的国资流动平台等。

国资国企的改革开放，既提升了国资国企自身的效率效能，也极大促进了整个城市综合发展的效率效能。数据显示，除2008年以外（可能受“次贷危机”影响），推出国资国企重大改革动作年份的GDP增速，均比上一年要高出0.3～0.9个百分点。

二、当下的瓶颈

2017年，全国地方国有企业营业总收入21.38万亿元，同比增长15.2%（上海增长8.5%）；全国地方国有企业实现利润1.12万亿元，同比增长37.6%（上海增长12.5%）；全国地方国有企业资产总额76.58万亿元，同比增长11.8%（上海增长6.6%）。

再来看中央企业，2017年营业总收入增长12.5%，利润增长

15.2%（达到 1.42 万亿元，首次突破 1.4 万亿元），资产总额增长 8.2%，经济效益的增量和增速均为五年来最好水平，为全面开启中央企业高质量发展新征程奠定了坚实基础。

客观而言，2017 年上海国资国企没有“跑赢”全国地方国资国企大盘，也没有“跑赢”中央企业，“新时代、高质量”的特征体现得尚不明显，对标“五个中心”、卓越的全球城市和“一带一路”桥头堡建设目标尚有不小的差距，动力活力依然不够足，作用贡献依然不够大，能级能量依然不够高。都说上海是国资重镇，确实够“重”，国资国企是关乎上海当下和未来发展的最大存量资源，但是潜能亟待进一步释放（譬如，上海市属国企拥有的土地总量超过 700 平方公里，为上海市总面积的 10%还多，但是，大量国有土地处于低效利用、粗放管理状态，价值低估，流转不畅，利益难以协调，矛盾难以解决）。

三、对国资国企的再认识

上海国资国企的改革开放，是提升城市能级和核心竞争力的必由之路，是建设“五个中心”和社会主义现代化国际大都市的必由之路。城市的能级和核心竞争力，归根到底取决于企业的能级和核心竞争力。地区的营商环境，归根到底取决于政府职能的理性转换、主动转换和有效转换。面向全球、面向未来，归根到底取决于“体制释放”。以上这些，可谓一发不可牵，牵之动全身。这个牵动全身的关节点，就是国资国企。

国资国企，既面临改革的问题，也面临开放的问题。这是一个硬币的两面，改革牵引开放、保障开放，开放倒逼改革、深化改革。国资国企系统不改革，就难以打破坛坛罐罐。不开放，就难以摆脱既有利益格局的束缚。国资国企系统如果没有开放，改革就永远只是茶壶里的风暴。这里的“开放”，是国资国企和社会资本的双向开放、双向渗透。

国资国企改革开放，涉及面广、影响面大，是中国特色的政治、经济、社会关系的总和，是典型的复杂巨系统，至少受四大因素的影响——市场经济基本规律、改革开放渐进逻辑、国际博弈斗争形势和国内政情社情。在非线性、多维度的刚性约束条件下，既要改革，又要发展，还要稳定，更要和谐，颇不容易。

正因为如此，国资国企的改革开放已经成为各项事业的总开关和总枢纽，是打造“现代政府、现代市场、现代社会”的最佳结合点，是衡量经济体制改革是否到位的重要标准，是国家治理体系和治理能力现代化的重要内容、平台和要求。当然，如果操作不好，也可能变成总瓶颈。

要把国资国企改革开放这件大事推向深入，需要坚持“两预两共”——科学的预见、务实的预案、广泛的共识、共同的行动。预见先于预案，共识牵引共同行动。当下，我们务必形成国资国企新改革再开放的共识，这是新时代高质量发展的需要，是应对外部环境复杂变数的需要。这个共识就是，在新时代背景、高质量要求下，上海国资国企超越所有制的藩篱，引领和协同外企民企，打破“挤出效应”（国资国企过于强势，将抑制、挤压社会资本的生存和发展空间），发挥“瀑布效应”（策源），规避“合成谬误”（国资国企和社会资本基于各自视角的利益诉求，就其本身而言都是合理的，但是无法加总、拼合在一起，不能代表整体利益的最优化），一起肩负打响上海“四大品牌”急先锋、全球科技创新中心建设主力军、国资国企改革开放排头兵、“企业走出去”领头羊的重任。

四、上海国资国企新出发

上海已经到了没有国资国企改革开放，就难有新变革新发展的阶段，不能因为阶段性的迟疑，造成历史性的遗憾。为了构筑新一轮跨越发展战略优势，需要开闸放水、开源赋能，释放资源、释放红利、释放空间，让上海的国资国企焕发新动能，让包括民企在内的社会资本，在上海享受最便利的营商环境，开掘最丰富的投资机会，自主创业、自由竞争，成为奔腾创新、川流不息的“上海力量”。

为此，我们建议：

（一）尽早启动上海国资国企的第五轮改革开放

建议尽早向国务院申请创建国资国企综合改革试验区。以系统集成之举，形成改革联动之势，更好为全国国资国企改革发展大局服务。其标志性动作，应该是建立起具有时代特征、中国特色、上海特点的混合所有制经济体系。这个“上海特点”，就是“国引民进，混序共生”。上海要旗帜鲜明、高举高打、扎扎实实地成为“国引民进”的生动样本和最佳实践区，打造混合所有制导向的开放环境和治理体系。这就需要国资国企进退分明、有进有退，进而有为、退而有序，退出直接作业层面，进入集成运营层面，强化功能承载、资源组织、规则设计、任务分配的能力。

（二）尽早出台《上海市国资国企改革创新促进条例》

通过地方立法，进一步激发改革担当和企业家精神，为改革促进派和实干家保驾护航，吸引人才、才尽其用，建立鼓励创新、奖优罚庸、宽容失败、允许试错（以创新“沙箱”、封闭测试的形式）的氛围和机制。

（三）尽早组建国资基金群

整合各方资源力量，做大做强国资，加大对科技创新的投入。目标是发展新经济、创立新产业。

（四）尽早启动上海产权交易平台的扩容升级战略

使之联结产权、股权、知识成果等金融、类金融和准金融产品交易市场，建立标准、创设制度，以存量对接增量，以国有资本对接社会资本，以内资对接外资，以无形对接有形，服务于上海国资国企改革开放，服务于上海国际金融中心建设。

（五）尽早启动市属国企的实时动态监测系统

利用大数据手段，对市属国企进行非接触、非干扰、非侵入、非损毁的第三方监测，作为常规监管的重要补充。第三方监测的主要内容是活力、控制力、影响力和抗风险能力。全面排摸已停产、半停产、连年亏损、资不抵债的“僵尸企业”。推动国企“瘦身健体”，消灭“出血点”和“负能量”（主要靠政府补贴和银行续贷维持经营的企业），“打扫房间”，把市场腾出来。

（六）尽早研究理论和实务层面的其他创新突破

包括但不限于：①关于所有制形式的思想解放；②卓越全球城市的经济活动中，国资国企最适宜的功能、权重和边界；③国资国企“做大—做强—做优”的过程中，渐进扬弃和改造传统的“国营”模式，与时俱进地展现组织灵活性和适应性；④有效发挥国资国企的“做市商”功能；⑤规避国企“因为低效无效导致崩溃”的效率风险；⑥区属国资国企在全市总盘子中的功能定位，进一步改革创新的制度性安排等。

本文系 2018 年 11 月前滩综研自主研究成果专报。

千万不要把智慧城市做小了

文 / 何万篷

导读：上海面向 2035 的发展新动能，可能有 5 大 KDF，分别是：开放经济、消费社会、科技创新、多元文化、智慧治理。“智慧治理”的全称，就是“智慧城市建设与社会治理创新”。智慧城市建设是社会治理创新的重要工具，是上海面向 2035 的政策工具箱里，关乎全局、具有重大牵引性的“战略级”工具。

一、东京的“三个都市”

通过广泛的国际“对标”，我们注意到，东京面向 2020 年奥运会，提出“三个都市的新东京——安全都市、多元都市和智慧都市”以全面提升城市品质。在森纪念财团完成的《未来剧本：东京 2035》中，提出“三步走”的都市战略建议，包括都市结构、基础设施、震灾对策、环境共生。日本内阁还于 2018 年 6 月 5 日发布了“未来投资战略 2018”，提出面向“Society 5.0”（社会5.0）构建数据驱动型社会，打造现实空间和虚拟空间高度融合的系统。

这启示我们：智慧城市建设是一个广义、开放的、界面友好的共性平台，严格来说，它是一个共性的后台。幕后英雄，默默地支撑着国民经济和社会发展的方方面面、角角落落。以人为本，高度重视智慧城市运行的效率、效能，设计出生动、具象的应用场景。

日本的城市治理决策，包括但不限于智慧城市建设决策，有一条清晰可辨的思路，约束条件、循证决策、情景模拟、柔性合成。2018 年，上海市一般公共预算中，和城市管理强相关的支出占13.5%，东京的占比为 25.1%。和上海相比，东京在公共安全、城乡社区建设等方面的支出，占比更高。另外，具体到智慧城市建设的支出，2018 年东京的预算占当年总预算的 4.7%，上海方面暂时还未找到对应数据。

二、新加坡做的两件事

再来看看新加坡。世界竞争力报告分析经济表现、政府效率、企业效率和基础设施 4 大类别的 235 个指标。《2019 年度世界竞争力报告》中新加坡排在第一位，中国香港第二，美国第三。新加坡当年跃居榜首，首要原因是先进的技术基础设施，然后依次是熟练的技术劳动力储备、对移民友好的法治环境和行之有效的开办企业方法。新加坡在政府侧，实际上干了两件事情。

一是积极的企业政策。2001 年 6 月，新加坡在“国际商务枢纽”（IBH）的基础上，升级为“全球贸易商计划”（GTP），对符合条件的贸易商给予特别税率优惠。受 GTP 启发，前滩综研提出了上海的“全球服务商计划”（GSP）建议，后来转化为政策，由上海市发展改革委和静安区政府联合向全球作了发布。

二是激进的信息化基础设施政策。新加坡先是在 2006 年提出打造“智慧国 2015”作为智慧城市建设的管总规划，现在是升级版——“智慧国 2025”。“智慧国”理念的核心，是 3C：连接（Connect）、收集（Collect）和理解（Comprehend）。新加坡一直位列全球电子政府排名的第一，98%的公共服务由网络来搞定。

我到新加坡访问，先和总理首席顾问交流，后来请新加坡南洋理工大学社会科学院的院长来讲学。他们讲了一个共同的观点：上海在 13 亿人当中选人才，新加坡在 30 亿人当中选人才，美国在全球 60 亿人当中选人才。新加坡怎么选？通过网络，把路线图说得清清楚楚、明明白白，这个路线图就是大名鼎鼎的“8 个步骤进入新加坡”。激进的信息化基础设施，既增加了积极企业政策的竞争力，也催生了大量的市场主体，新经济就能涌现。

新加坡还进一步提出，要做亚太信息枢纽。在积极企业政策和激进信息化基础设施政策的耦合下，新加坡拥有了全球最高效的海关系统贸易网络，与进出口（包括转口）贸易有关的申请、申报、审核、许可、管制等全部手续均通过该系统完成，进出口商通过电脑终端 10 秒钟即可完成全部事项，10 分钟即可获得审批结果。

最近有两条新闻：一条是最适合 80、90 后居住的城市，新加坡排第一，上海排第十二；另一条是到杭州的互联网工程师中23.56%来自上海！新加坡案例给我们的启发，第一条是要有“管总规划”，克服合成谬误；第二条启示，就是智慧城市政策和财经政策，要像DNA的双螺旋一样相辅相成；第三条启示，是要通过“炫酷”的智慧城市建设成果吸引年轻人，给年轻人创新创业的机会；第四条是智慧城市要发挥连接周边、链接全球的功能。

三、纽约强大的消防局

再讲纽约的一个案例。我们翻译过纽约消防局的一个材料——《重新构想大数据在政府中的作用》，深受启发。

布隆伯格当纽约市长时，亲自建立了一个全新的部门——“数据之桥”，让信息孤岛互联互通起来。布隆伯格市长有一句口头禅：“In God we trust. Everyone else，bring data.（我们信上帝。除了上帝，其他任何人都必须用数据说话。）”他把纽约市政府办公室按照券商交易大厅的布局进行改造，使用了很多监控终端，让纯技术人员和技术官僚像“红马甲”一样，实时地监控城市消防、治安、卫生等指数的异动。

受纽约消防局大数据分析室创始人的启发，前滩综研自主开发了基于大数据的火灾预测引擎FIRECAST，在田子坊、无锡市消防支队等地方开展实战科研，效果非常好。纽约消防局的强大之处，在于提前90天，就能消灭25%的火灾隐患。在有些地方，火灾还没发生，消防车和警力已经在附近巡逻。有限的资源，被精准投放到可能发生危险的区域。纽约消防局的工作机制，就是感知人的不良行为、物的不良状态，实现卓越治理和弹性运营，前置干预和处置，其原理就是大家耳熟能详的海恩法则和墨菲定律。

四、迪拜的“创新沙箱”

还有一个案例是关于迪拜的。现在上海，精细化管理学习东京，自由贸易学习中国香港，综合营运学习新加坡，文化和商业交相辉映学习伦敦，科技创新学习硅谷、波士顿、特拉维夫、奥斯汀等，全球控制学习纽约。巴黎是负面典型，巴黎目前这种尴尬的状态，原因在于年轻人没有获得感和方向感。而基于智慧城市建设的新业态包容审慎监管，要学习迪拜。

全世界最早、最好的“创新沙箱”就在迪拜。新加坡也做得很好。“创新沙箱”的意思，就是在特定时间、特定地域、特定领域，放松管制、封闭测试，政府职能部门不接触、不干扰、不侵入、不破坏，基于大数据，远远地看着你，不该管的时候是空气，要管你的时候一点不含糊。

2019 年，迪拜金融服务管理局（DFSA）已邀请当地公司和国际公司，加入当年的监管沙箱暑期计划。成功入选的申请者，将能够进入 DFSA 监管沙箱，参加创新测试牌照计划。2019 年的主题是关于金融科技的，包括通过智能合约测试伊斯兰债券的数字化发行，以及股票和债券的代币化，目的就是为公司提供临时的灵活性，开发商务模式，测试技术路线。

五、上海的网格化管理

最后一个故事，是关于上海某中心城区网格化中心的。过去中心的工作人员是全年无休，随时待命，电话铃声就是老百姓下的“命令”，闻“铃”而动；现在是看“数据”而动，快速反应，甚至提前反应。他们已经连续多年在网格化中心过春节了，就盯着大屏幕上跳动的数据。2018 年他们共处理问题案件 34.29 万件。其中，通过 12345 等热线上报案件达到 4.82 万件，占总案件量的 13.38%；网格中心主动发现案件共计 27.85 万件，占总案件量的 86.62%；另外，居民区上报、监督员上报、“微上报”案件分别为 13.23万件、8.19 万件、6.43 万件。

数据是巨量的、枯燥的、冷冰冰的，但是老百姓（包括本地居民、企业公民和外来“游”民）的投诉和吐槽是有温度的，必须在第一时间去感知、去响应、去反馈。他们做的事情，就是在海量数据背后，识别高度碎片化、随机化、千变万化的诉求，分析深层次的时间空间等维度的复杂原因，为领导的科学决策、精准施策，提供强有力的支撑，提高老百姓的幸福指数，优化本区域的营商环境。

六、不要把智慧城市做小了

最后，谈谈全球生产分工体系和价值网络，简单来说就是广东造箱子、苏南装箱子、义乌发箱子、宁波数箱子、上海数单子、新加坡算票子、伦敦核票子、纽约发票子。面向全球，面向未来，上海城市能级和综合竞争力，如何在这个体系和网络当中，在最短时间内得到最大程度的提升？智慧治理，应该是一个极端重要的竞争武器，其重要性怎么形容都不为过。

如何去规划它？两种思路，一种是现状递延型，趋势外推，线性增长。一种是未来引领型，根据明天和后天的需要，今天未雨绸缪、前瞻预埋。智慧治理不仅仅是解决今天的问题，更是解决明天后天的问题。譬如 5G，现在基本有个共识，独立组网，不是在 4G 基础上加加减减、修修补补。

我们不能满足于津津乐道 5G 的优点，高速、低时延、不拥挤等，要看到 5G 对新生产、新生活、新交易的牵引。譬如，现在说“吃穿住行”，今后大家关心的顺序会是“行住穿吃”，智慧“出行”是第一位的。

上海城市管理有精细精致精确的基因，有集中力量办事情的传统，现在要做的，就是在顶层设计、管总规划的引领下，让全域成为智慧城市建设的试验场，成为新生产、新生活、新交易的竞赛场，催生更多的“传奇式创业、现象级事件、颠覆性创新”。

千万不要把智慧城市做小了，以为就是加装硬件设备，就是强化公共管理，就是增加办事便利性。这是最狭义的理解，肯定是对的，但是远远不够智慧。政府管规划、打基础、定规则，最好由一位副市长出任首席数据官（布隆伯格事实上就是纽约当时的首席数据官）。市场承担实务推进，宽应用，尤其是要让中小企业有更多的参与机会。

本文系 2019 年 6 月 15 日作者参加上海大数据社会应用研究会主办的“智慧城市建设与社会治理创新内部研讨会”上的发言要点。

实施更多“积极的企业政策”

文 / 何万篷

导读： 稳就业、稳金融、稳外贸、稳外资、稳投资、稳预期，有着一个共同的发力点——稳企业。2019 年中央经济工作会议特别强调“微观政策要活”。通过积极的企业政策，为企业提供贴心服务、为市场主体保驾护航，无疑是当务之急。

有“积极”的财政政策，也有“积极”的企业政策。产业政策、人才政策、招商政策、创新政策、消费政策、外贸政策等等，都可归结到“积极的企业政策”。什么是当下需要的“积极”？让企业减负、减压、赋能、增值，是“积极”；降低企业的用人、用地、用能、用政策的成本，是“积极”；走近应用场景，对接企业诉求，是“积极”；同经营管理保持距离，不干扰不干预，是“积极”。归根到底，政府要通过政策和服务，营造绝对便利、相对便宜、本质公平、全面安全的商业环境，让企业感到自在、踏实、放心。

对标这样的要求，反观目前有些方面的政策设计，就不难发现有需要改进之处。

比如，政策的设计，需要简化。当下政策似有趋于繁复之势，体例工整，行文规范，篇幅则较长。很多时候，出发点很好，但是企业往往看不过来、看不明白，以至于有企业抱怨政策太“贵”了，用不起。这方面，不妨学学美国版的“放管服”：美国联邦政策汇编由 20 世纪 60 年代的 2 万页膨胀到现在的 18.5 万页，白宫高调喊出“二换一”：每出台一项新规则，必须砍掉两项旧规则。简而言之，就是 cut，cut，cut！

政策的传播，要把领导和媒体当成媒介，把企业当终极受众，不能搞反了。有些发布会、宣讲会，让领导、专家和媒体“反客为主”，真正的市场主体，倒成了陪客。连带着政策推进，也往往走走停停，像电脉冲，节奏和力道主要取决于领导的重视程度，而不是企业的需要强度。好的政策，当以受众喜闻乐见的形式呈现出来。最重要的受众，当然是企业，而政策从头到尾，都应该让企业明白，来自政府的“宏伟蓝图”同自己的生意有直接关联。

政策的落地，要贯通“最后一公里”，不能有“肠梗阻”，被“打结”，甚至亮着红灯，看得见却过不去。企业反映最典型的，就是“准入不准营”。有的职能部门现在可谓门好进、脸好看、话好说，但事情依然难办。他轻飘飘一句“查一下文件，走一下程序，办一下证件”，硬生生在玻璃门、弹簧门之外，加装了一扇“程序门”。

政策的实施，要精准适配，千万不能“雪中不送炭，锦上乱添花”。特别是在“补贴”问题上，不是不能补贴，但决不能“乱补贴”——有的地方直接动用财政补贴小微企业，虽有诚意，却容易导致不良的商业模式；给大企业补贴物业租金和装修费用，则等于在给大象“挠痒痒”。值得学习的，是国际上有一种“pay as you grow”的方法，即针对企业成长的不同阶段，匹配以不同程度的扶持——对初创的小微企业，想办法直接减免成本，但极少动用财政补贴，目的是让它们活下来；对高成长的企业，长得越快、越大，就给予越多的国家买单的合同，甚至直接给予财政补贴，目的是助推其迅速成为全国冠军、全球冠军。

政策的推进，要保持“稳定的透明”。不少企业高管告诉我，到上海创业，肯定不是奔低成本而来，看中的是在这里可以高效获得高能级资源要素的组合式供给。能做到一揽子供给，综合成本反而降下来了，风险更容易管控。在上海，不可能奢求便宜，但这里的游戏规则是透明的、预期是稳的，这就是上海的优势。在当下，这个优势不能弱化，应该发扬光大。

针对企业的新政策，还有一条很重要——要尽可能让企业有“早期收获”。新政策的效能迟迟出不来，执行力、公信力自然就会大打折扣。能出效能，在于政策接地气，企业有盼头，实际可操作，见效周期短。在这个意义上，政策推行，也要会“讲故事”，不是空谈，而是实打实树几个标杆、摆几个案例、讲几个善用政策的“励志故事”，用实实在在的企业案例，来诠释政策的逻辑和路径。

积极的企业政策，还可以这样归纳理解：职能部门要正确地做事，企业要做正确的事。职能部门如果做事不得要领，可能会“诱导”甚至“挤压”企业去做不正确的事，乱创新，走偏道。最不好的做法，就是和企业竞争。有些地方，宁可把资源“捂”在手里，低效利用，甚至闲置放空，也不愿意交给企业去活化和转化。还有些地方在处理和企业的关系时，只讲“清”，不讲“亲”，慢慢就“疏”了，“远”了。

备受期待的2020年，通过积极的企业政策，同企业建立起更好的“清”“亲”关系，显然是各级政府准确识变、科学应变、主动求变的应有之义。

本文发表于2019年12月17日《解放日报·解放论坛》。

优化营商环境不妨多点“啄木鸟”

文 / 何万篷

导读：世界银行《2020年营商环境报告》，中国的总体排名比《2019年营商环境报告》上升15位，名列第31名，这也是世界银行营商环境报告发布以来中国的最好名次。但是，若对标国际最高标准最好水平，对接响应市场主体需求，我们仍有许多工作要做。

抓发展，是当前第一要务。不断优化营商环境，则是推动高质量发展的深层动力所在。

当前经济下行压力依然严峻，企业议论和期盼的热点，正是营商环境。听一听一线企业特别是中小企业的反馈，不难发现，通过前阶段的优化营商环境行动，各级职能部门确实在改变面貌。很少再有人堂而皇之地端着架子。但在服务企业方面，少数部门依然缺乏紧迫感和主动性。有企业反映，办事部门“脸好看，门好进”，但事依然“难办”，随口一句“我们查一下文件”“我们走一下流程”“听上面领导的”，就可能将前期努力带给企业的获得感损毁殆尽。此外，一些部门自身存在的“本领恐慌”，也制约着营商环境的根本扭转。这就像自行车从小马路骑到了高速公路上，基础设施、技术条件有显著改善，但毕竟还是两个轮子的自行车，比不上四个轮子的机动车。

营商环境好不好，不是由领导说了算，不是世界银行说了算，不光由大企业说了算，也不光由国企说了算。大量中小企业的感知，是最为生动、具体、多样化的。最朴素的感知，就是“绝对便利”——不只是监管的便利，而是创新创业的便利，“相对便宜”——各种资源要素就地获得的综合成本较低，以及“全面安全”——保障企业公民、保障企业高管、保障企业员工。特别是年轻一代，完全是“以脚投票”。对照上海优化营商环境所应有的高标准、严要求，我们还是能发现一些隐形存在的“微障碍”，比如政策的集成性亟待提高，职能部门的“未来感”还不够强，撸起袖子、甩开膀子、奋进追逐、勇敢奔跑的英姿，也还有待进一步展现。

因此，在营商环境日益成为发展之基，而高质量发展又真真切切成为当务之急的情况下，我们不妨在营商环境优化方面来一场“啄木鸟行动”，鼓励各类企业家、创新创业者，对整座城市的营商环境“横挑鼻子竖挑眼”，并发动公众广泛参与，一起来识别改进空间，提出优化方案，共商共建、共治共享。上海要形成浓厚的抓发展的氛围，就应当形成人人关心营商环境、人人推动营商环境、人人建设营商环境的大协同氛围。

营商环境提升工作，必须真正聚焦到可持续、不可逆的投资贸易便利化上，分解到转化率、存活率、成长率、成功率等指标上。在前期努力的基础上，上海需要尽早研议营商环境的高级配套动作，瞄准那些行动深化后遭遇的深层次问题（比如企业反映强烈的“准入不准营”）。同时，不妨出台更多积极的、接力型的企业友好型政策，并探索基于大数据的创新监管（非接触、非干扰、非侵入、非损毁），市场主体不需要的时候像空气，有需要的时候毫不含糊。长远看，还需要考虑就营商环境专门立法，让前阶段围绕世行排名的短期攻坚，真正“倒逼”出改革向前，“倒逼”出制度成型。

本文发表于2019年7月10日《解放日报·解放论坛》。

让更多市场主体享受“上海速度”

文 / 周学强

导读： 短短一年，特斯拉上海超级工厂闪电般开工、竣工、投产、上市，创造了奇迹。这个被华尔街认为“建都建不起来的工厂”，在上海成了“把不可能变成可能”的经典。随着一期投资 160 亿元的特斯拉 Model 3 项目正式交付和中国制造 Model Y 项目正式启动，这个中国首个外商独资整车制造项目，不仅兑现了上海对特斯拉的承诺，也彰显了上海持续优化营商环境的务实举措。

站在本世纪第 3 个十年开局的时间窗口，市场瞬息万变，区域竞争更为激烈。为改善营商环境，各地纷纷对表“十三五”收官和“十四五”开局的时间节点，一方面出台特殊政策、建立特殊机制，一方面加大招商引资力度，瞄准国内外大企业、行业龙头企业，“给”钱、“给”地、“给”服务。

“给”，是必须的。但好的营商环境，是“给”可持续、不可逆的制度环境。对市场主体而言，政府部门“行胜于言”，才有稳定预期，才能提振信心。过去，有些地方在招商引资时，满怀豪情拍胸脯。但是，“政随人走”而不是“政策由制度锁定”，力度大则大矣，实施起来多半会打折扣，经常被“翻烧饼”，效果恐怕要打个问号。

令马斯克屡屡点赞、各方交口称赞的“上海速度”背后，最重要的因素是上海领导懂科学、懂产业、懂市场、懂企业、懂企业家，是相关部门扎实而充分的调研、论证与协调，是积极的企业政策，是“绝对便利、相对便宜、全面安全和本质公平”的一揽子制度供给。成本低，不一定是市场主体的第一选择。投资贸易便利化、科技创新便利化、生活消费便利化，才是市场主体选择的重要因子。特斯拉案例便是一个很好的证明。

营商环境是区域经济高质量发展的 KDF 之一，是激发市场主体活力的核心要素，是激活高质量发展的硬核力量。无疑，上海所需要的，显然不只是一个特斯拉。在全力服务“巨头”的同时，也要用心用情，呵护有活力、有潜力的“小家伙”“快家伙”“新家伙”。

优化营商环境，还要更好地对标国际最高标准、最好水平，尽快“引进消化吸收再创新”。全球顶级城市纽约提出的“小企业优先”计划，启示我们不能简单机械地“抓大放小”。没有小企业铺天盖地，就没有大企业顶天立地。体现在特斯拉项目上的“上海速度”，要成为自动适配各类企业的“上海速度”，不论规模，不论出身。

“上海速度”的背后，是市区两级相关职能部门，以实在动作解决实际问题，对企业创新服务进行的系统集成。今后应该将单点项目的创新制度化，将制度优势转化为治理效能，进而转化为上海高质量发展的综合竞争力。我们期待更多的“上海速度”，为加快要素自由流动，促进市场主体增能、提速、扩容发挥积极作用，实现短时间、强投入、快产出、长效应，为上海“十四五”高质量发展提供“硬核”力量。

本文原文发表于 2020 年 1 月 8 日《解放日报·解放论坛》。本书收录时略有修改。

再谈“营商环境就是生产力”

文 / 金颖婷　宋杰封

导读：前滩综研曾发布过一篇题为“营商环境就是生产力”的要情分析，引起了广泛关注。优化改善营商环境要持续不断地提升贸易投资便利化水平，简化流程、降低成本，让企业真正得到实惠、享受优惠。

2018 年 10 月 31 日，世界银行发布《2019 年营商环境报告》（以下简称《报告》），中国在全球 190 个经济体中的总体排名由《2018 年营商环境报告》的第 78 位上升至第 46 位，排名得到了显著提升！《报告》指出，中国在开办企业、获得电力、办理施工许可证、登记财产、纳税、跨境贸易等方面进行了有效的改革，办事效率大大提升，时间缩短、流程简化。一言以蔽之，以效率、成本为导向的营商环境 1.0 版本阶段性工作取得了重大突破！

当然，对标全球最高标准最好水平，上海仍有很大差距。以新加坡为例，在至今发布过的 16 次报告中，新加坡始终位列前三，是全球营商环境最佳的经济体之一。

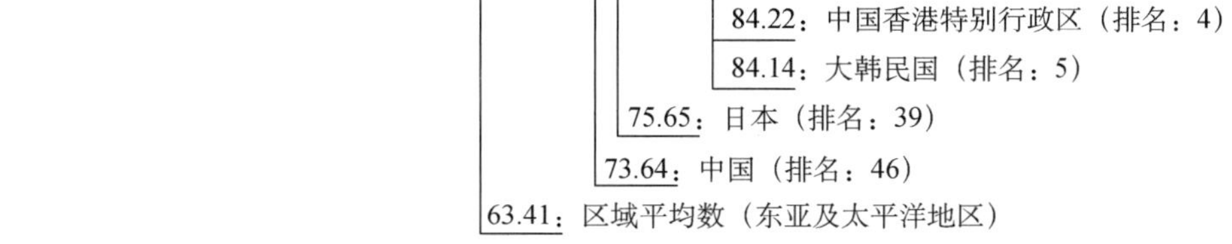

图　2019 营商环境便利度分数

前滩综研认为：优质的营商环境（2.0 版本）归根结底就是以企业全要素需求为出发点，吸纳和汇聚物流、资金流、信息流、人才等要素资源，形成“场效应”，是城市吸引力、创造力、竞争力的直观体现。其中，“吸引力”是基础能力，表现为集聚全球高端要素和战略资源；通过“创造力”引爆，迸发出更多具有原创性、突破性、颠覆性的成果，提升城市能级和核心竞争力；再通过“竞争力”进一步释放优势，辐射引领，参与全球资源配置。

就“吸引力”而言，上海在投资吸引力、国际会议吸引力、人口吸引力、文化吸引力等方面仍需进一步改善、提升、提速。

一、上海 vs 新加坡：投资吸引力比较

据统计，截至 2018 年 11 月底，上海累计引进跨国公司地区总部 665 家，其中亚太地区总部 85 家。而早在 2016 年戴德梁行发布的数据显示，新加坡有 4 200 家亚太区域总部，是跨国公司在亚太地区设立区域总部最多的城市。目前，新加坡有全球 1 200 多家银行、保险等金融机构的总部，金融业占总产值的 13%。除了得益于新加坡的“低税”政策外（见表 1），新加坡政府还出台了一系列招商引资计划（见表 2）。这些计划不但给新加坡注入新鲜的血液，也给新加坡带来了大量的精英人士，形成一个投资的良性循环，“全球最易经商的地方”名副其实。

表 1　上海、新加坡税收水平比较

国家（地区）/税种	新加坡	上海
企业所得税率	17%	25%
增值税/间接税	仅对进口产品征收 7%	17%
最高个人所得税	22%	45%

表 2　新加坡的招商引资计划

类型	财务援助及其他优惠计划
企业类	国际总部计划
	先锋企业奖励计划
研发类	企业研究奖励计划（RISC）
	新技能资助计划（INTECH）
金融类	金融与资金管理中心（FTC）税务优惠
	综合投资奖励计划（IIA）
	并购（M&A）计划

近几年上海在吸引国际投资方面的表现逐步改善，2017 年上海吸引外商直接投资达到 170 亿美元，几乎与新加坡持平（见表 3）。这与上海便捷的交通和通信基础设施、有效的投资服务平台、丰富的人力资源以及巨大的国内市场潜力有直接关系。

表 3　新加坡、上海外商直接投资情况

	新加坡	上海
2017 年	174.12 亿美元	170.08 亿美元

二、上海 vs 新加坡：国际会议吸引力比较

根据 2016 年国际大会与会议协会（ICCA）发布的《全球会议目的地国家及城市排行榜》显示，新加坡当年全球性会议数量达到 151 场，几乎是上海的 2 倍（见表 4）。

表 4　2016 年《全球会议目的地国家及城市排行榜》亚洲十强城市

排名	城市	会议数量
1	新加坡	151
2	韩国首尔	137
3	泰国曼谷	121
4	中国北京	113
5	中国香港	99
6	日东东京	95
7	中国台北	83
8	中国上海	79
9	马来西亚吉隆坡	68
10	澳大利亚悉尼	61

新加坡有着亚洲最理想的举办国际会议的环境，不仅仅是因为合适的地理位置、便利的交通、国际化的语言环境，还因为以下两个原因。

第一，新加坡拥有完善的会议展览设施。新加坡采用政府投资和吸引外资的方式建设了一大批现代化大型会议展览场馆，形成了三大会展中心：新加坡国际博览中心、新达城会展中心和莱佛士城会议中心（见表 5）。同时滨海湾金沙、圣淘沙等特色鲜明的综合性

设施知名度很高，对企业会奖旅游活动很有吸引力。

表 5 新加坡三大会展中心

会展中心	面积	配套设施
新加坡国际博览中心	室内展览馆 6 万 m^2，室外展览场 2.5 万 m^2	10 个会议厅和 9 个会客厅；先进的翻译、通信和传播设备；大型商场、餐馆、写字楼等
新达城会展中心	展览场约 2.6 万 m^2，总层面积约 10 万 m^2，可容纳 1.2 万名观众	提供 12 种语言的同步翻译系统
莱佛士城会议中心	会议中心超过 6 503 m^2	拥有 27 个会议室、大型的宴会厅、先进的卫星会议系统

第二，无可挑剔的定制化服务。个性化办会与个性化服务是新加坡会议会展业的标签。客户只需输入详细完整的必选项和清晰明确的要求，新加坡的会议主办者就会给出几套个性化的会议定制流程。

通过举办、承办国际化、高水平的会议会展活动，可以快速增强城市影响力，吸引相关领域的专业人才，带动区域经济发展。截至 2017 年，上海拥有国际展览业协会（UFI）认证的展览项目 26 个，是国内获得 UFI 认证最多的城市。下一阶段应持续提升场馆硬件设施、提升会展能级、服务能力和国际化程度，为打造上海国际会展之都提供支撑。

三、上海 vs 新加坡：人口吸引力比较

从吸引外籍留学生学习交流、外籍游客方面看，上海与新加坡相比均不占优势。由于未能产生强大的外籍人才吸引力，上海无法全方位地获得外籍人口带来的人力资本优势和多元文化的注入。

表 6 上海与新加坡人口吸引力对比

	新加坡	上海
外籍留学生	仅中国留学生已超 5 万（2015 年）	60 226 人（2016 年）

而新加坡制定了一系列提高新加坡人才竞争优势和受雇能力的政策及发展计划，包括综合人力发展计划、终身学府计划、人才培训援助计划、工人技能提升计划等，致力于发展成为人才荟萃的大

都会。

此外，新加坡依靠全球人才资源，弥补其人才数量少和人才领域跨度小的短板。为吸引海外高端人才，新加坡出台了“新加坡的21愿景”“新加坡工业21计划”“科技创业21举措”“人力21蓝图”来扩大自身的吸引力，并通过不断完善“新加坡联络处”的官方网站建设，使其更便于海外人才浏览和操作。

2018年上海推出“人才高峰计划”，聚焦国家战略需求和前沿领域，吸引全球高峰人才。最关键的是需要建立起一套全方位、完善的人才服务配套体系，让这些全球人才留下来、生活下去。

四、结论

面向全球、面向未来，上海的城市吸引力仍不够突出，城市创造力、竞争力仍待全面提高，优化营商环境，打造与全球城市相匹配的营商环境刻不容缓，时不我待。建议借鉴新加坡等地成功经验，从如下几个方面着手：

（1）对接国际通行标准、规则，从战略层面制订更富针对性、灵活性的全球性总部吸引计划。

（2）完善会展设施及系统化服务，积极吸引国际组织、全球性活动来沪，全力打造“上海会展”品牌。

（3）重点围绕吸引海外高层次人才的过境免签、人才落户、医疗教育等方面，寻求制度与政策突破，吸引高端管理人才和研发人才来到上海长期发展。

（4）着力营造更多具有国际优势的生产服务环境、国际品质的生活服务环境、符合国际惯例的商务服务环境。

（5）全面促进国际文化交流合作，让上海文化更“海派”、更“时尚”。

本文系2019年1月前滩综研自主研究成果。

“混而有序”，激发夜经济活力

文 / 何万篷　周学强　陈萌萌　向际森　李润楠

导读：“夜经济”一定程度上反映城市的繁荣程度、文化积淀和心理追求，是物质消费与精神消费、经济现象与文化现象的多重叠加。某种意义上，它是一个城市年轻人集聚度、活跃性和创造力的重要表征，是体现城市文化特色和发展成就的鲜活窗口，是城市活力与吸引力的晴雨表。

发展“夜经济”可谓国际大都市的通用经验。2017 年，纽约市长专门成立了“纽约夜生活”办公室。2018 年 6 月，该部门推出了第一份关于“纽约夜生活”的报告。该报告显示，即使是纽约这样的“全球夜经济样板城市”，其夜生活消费仍处在快速增长中，在未来会成为一个规模更为庞大、涉及领域更为广泛的市场。据统计，纽约的“夜经济”每年能够创造约 290 亿美元的经济收入，25 万个就业岗位以及 110 亿美元的薪酬。

所谓“城市”，“市”是决定性的。“市”是市场、交易、贸易，是经济活动，也是城市的终极内涵。上海作为我国重要的经济中心、金融中心和贸易中心，无疑是独一无二的，有条件进行 24 小时永不落幕、永不打烊的“交易”，成为“夜经济友好型城市”。

前滩综研“前研区域经济分析系统”监测显示，上海“夜经济”发展呈现四个特点：一是“夜经济”活动覆盖上海全境，但集聚区分布不均衡；二是交通便捷性促进了“夜经济”发展与集聚，但活动峰值时长受到公共交通停运时间影响；三是夜间消费订单量有所提升，但消费内容过于单一；四是“夜经济”文娱活动需求大于周边城市，但类型单一、场馆分布不均衡。

“夜经济”不等同于“夜生活”，它既有生活性服务的业态，也有生产性服务的业态，还涉及公共服务业，上海还可以有“夜商务”“夜政务”。开展产业或区域规划研究时，我们的观点是“业态纯化，必然导致功能退化”“系统性一致，是创新的天敌”“适度混乱，是明智之举”。前滩综研有一个办公室叫“Chaord Room”。“混序”(chaord)的功效，包括减缓治理压力、降低管制成本、包容创新挫折、鼓励元素复合……爱因斯坦问过，如果乱糟糟的书桌象征着混乱的思想，那么空书桌又代表着什么？但是人们对秩序有着强烈而盲目的偏爱，宁可“空”，不愿“乱”。于是，我们看到店招被统一，摊贩被取缔，街头艺术家被驱逐，“夜经济”振而不兴，思想被“格式化”……高质量“夜经济”发展需要什么？“混序”！

“混序”不是无序，形态、业态、功能要“混”，而规划、监管和营商环境则要“有序”。有时“夜经济”是白天活动的延续或衍生，有时本身就是创新经济的“策源点”。它是“果”，不是“因”，其背后是创意阶层活跃度。上海发展“夜经济”，应该聚焦到消费促进和贸易服务，以及由此延伸和衍生的“四新”——新的交易方式、新的生产方式、新的生活方式、新的治理方式。要积极拓展“夜经济”发展内涵，将夜间开展的文化创意类、外贸类等商务工作以及需要在夜间开展的政务工作纳入“夜经济”范畴，结合高端商务区、文化创意园区等优质载体，形成“夜商务”“夜政务”“夜生活”多业态联动的格局，全方位促进“夜经济”发展。

“夜经济”是生动具象、带着温度、充满“烟火气”的。它呼唤包容审慎监管，需要积极探索“创新沙箱”机制。“创新沙箱”的意思，就是在特定时间、特定地域、特定领域，放松管制、封闭测试，政府职能部门不接触、不干扰、不侵入、不破坏，基于大数据，远远地看着你，不该管的时候是空气，要管你的时候一点不含糊。促进“夜经济”发展的职能部门与相关监管部门要相互协调，制订合理有效的管理制度，采取包容审慎的监管模式，对“夜经济”，尤其是夜排挡、烧烤摊等原生性“夜经济”业态给予支持和引导，注重挖掘融入不同地方特色文化，打造特色“夜经济”品牌，充分释放“夜经济”的正外部性，有效管控“夜经济”的负外部性，还要注意

“不经济”现象，形成各具特色的“夜经济促进区与活力区”。

发展“夜经济”还有一个非常重要的条件就是营商环境，那就是：绝对便利、相对便宜、本质公平、全面安全。我们政府部门要做的就是建立全面安全、便利包容的“夜经济”发展规范与导则。上海如能给人留下营商环境最佳的印象，“夜经济”相关的企业存活率和成长率又足够过硬，那各类优质资源都会集聚过来，并产生强烈的化学反应。

现在，上海各区都在做自己的“夜经济”规划，青浦、松江、闵行等一些郊区也很积极，都制订了相关政策方案。好的规划，要坚持“两预两共”原则——科学的预见、务实的预案、广泛的共识、共同的行动。预见先于预案，共识牵引共同行动。发展“夜经济”，首先要确立这样的共识：在新时代背景、高质量要求下，要以政治逻辑牵引、政策逻辑护航、市场逻辑驱动；其次要谋划现象级事件，起到破局、牵引的作用；最后要规避“合成谬误”，防止涉及“夜经济”发展的相关职能部门，出于各自业务职责形成相互矛盾的政策制度，拼合不起来，导致“夜经济”发展裹足不前。

“夜经济”往往和紧凑街区、便利交通、适宜照明、安全保障等高关联。因此，上海发展“夜经济”还应做到：延长公共交通服务时间，延伸“夜经济”高活力时间段；延长公共服务场馆的运营时间，带动“夜经济”的多元化发展；创造安全有序的治安环境，保障“夜经济”安全运转等。

本文原文发表于2019年11月4日《解放日报·解放周一/外滩》。本书收录时略有修改。

上海发展互联网产业：局部像硅谷，整体像组约

文 / 楼 崇 向际森

导读：2019 年，上海互联网业务收入增长 30% 以上。这座曾经被贴上“错失互联网”标签的城市，正改变并刷新着城市互联网产业发展的格局。上海互联网行业经历过大发展，也经历过低谷，并不像外面说得那么差。

一、“精壮”的上海互联网企业

上海可能缺超大互联网企业，但不缺独角兽。这些企业最大的特点是泡沫小、有应用场景，由市场买单而不是政府托底。随着互联网投资的正常化，上海这种更注重市场逻辑的互联网发展模式，反而是经得起推敲的。

小红书、美团点评、拼多多等诞生于上海的互联网企业，代表了消费升级引领的商务模式变革，虽然目标客群、细分市场不同，但都与上海追求精致生活的底色息息相关，B 站则更是典型的新新人类集聚地，契合了上海“潮流之都”的定位，这些“精壮”（精致而健壮）的公司就是上海互联网企业的缩影。

提到上海的互联网企业，不能仅仅理解为注册在上海的互联网企业。互联网企业早期特征是野蛮生长，上海太规范、成本太高了，这使得“从 0 到 1”的初创企业在上海无法量大面广的产生。但是企业在上海成长和发展是最好的，很多互联网企业，虽然没有注册在上海，他们实现从“1 到 100”的高速成长却离不开上海。上海对互联网企业发展起到的是增速、扩能的作用。

二、上海互联网发展优势与不足

上海最独特的优势，是拥有竞争中性的营商环境，直白说就是

本质公平，对来自市外、海外、行业外的企业一律公平对待，公平提供机会。上海最显性的优势，是拥有丰富的、可持续的市场化应用场景。在上海，数据流通最便捷、开放力度最大，这是任何其他城市都比不过的。这让上海成为企业实现高质量成长的目的地、示范地，是企业形成全球竞争力的试验场、竞赛场。

当然，上海在发展互联网行业方面也存在一些短板或不足。据猎聘《2019全国互联网行业程序员就业现状大数据报告》显示，互联网行业程序员在学历分布上，本科占比达到69.27%。但上海过于追求高学历人才，存在对互联网行业从业主力军不友好的问题，在产品经理等互联网中层人才的培养上比较乏力。上海现有的人才政策和互联网人才需求间的矛盾，在一定程度上限制了互联网企业的发展，需要创新探索人才政策。

此外，上海作为国企重镇，在沪央企及上海区域性国企孵化过大量互联网企业，它们因应用场景而生，但困顿于市场化程度不够，背后的原因是国企太强，国资太弱，混合经济发展不充分。国资应该为互联网企业保驾护航，而在运营方面则应该放手让企业去闯去试。

总的来说，相比国内其他城市，上海更有底蕴，更有温度，更讲游戏规则，更讲美好生活。互联网企业，欲脱去“野蛮”、步入“优雅”，一定会选择上海。这也是华为高管集体选择上海青浦的原因。

三、未来可能诞生巨头的领域

上海一定是做高端，在包容中接续、在接续中迭代，持续催生出互联网行业的新技术、新业态、新模式，进而诞生新的互联网巨头。

中国是全世界唯一拥有联合国产业分类中全部工业门类的国家。美国的完整度是中国的94%，日本不足中国的90%。中国工业门类最完整的是上海，未来服务上海支柱产业的工业互联网企业和能源互联网企业拥有较大的成长空间。

上海的进出口总额占全世界的3.4%，但目前还没有出现从事进出口服务的大型企业，也是未来容易诞生巨头的领域。

数据驱动的新经济，是上海互联网发展方向。在保证信息安全、数据规范交易等前提下，随着临港新片区数据便捷流通，“基于数据的贸易”和“以数据作为标的的贸易”在临港新片区将会迎来大的发展，这也是上海未来可能产生巨头的领域。

上海按中央要求正在探索中国特色超大城市治理的新路子，未来，在风险预测、城市精细化管理等领域的需求将逐年增长，具有互联网基因的、具有科学决策能力的企业，也将拥有巨大潜能。

科技金融和生活服务互联网企业在上海具有丰富的应用场景，沉浸式定制化消费形式正在蓬勃兴起，消费互联网有了供应链两端的互动，这些领域未来同样有巨大的成长空间。

四、局部像硅谷，整体像纽约

在上海，对成功的定义，可以更加多元，并非只有科技，科技甚至不是排在第一位的，这才是上海的魅力。上海实在是有太多亮点，无需过分关注某一点。

对于互联网企业发展，上海的局部地区，可以像硅谷。但是就整体而言，它一定要更像纽约。硅谷创业变得越来越昂贵，越来越不够包容。纽约却成为新经济发展的高地，成为全球科技创新中心。由于纽约聚合了科技创新、金融创新和文化创新“三合一”的因子，这也为上海对标国际最高标准、最好水平，提供了可以借鉴的样本。

本文系2020年2月前滩综研自主研究成果。

第三章

洞见长三角

发挥上海龙头带动作用，加快三大重点区域建设

文 / 周学强　何万篷　向际森　李润楠

导读：长江三角洲区域一体化发展的本质是促进要素自由流动，基本内涵是连接周边、链接全球，主要任务是打造区域协同创新体系、培育先进制造集群和自由贸易集群、构建社会协同治理格局，目标是实现共同的美好生活。当前，长三角一体化发展国家战略进入密集施工的新阶段。

上海正按照中央部署要求，充分发挥开路先锋、示范引领、攻坚突破的作用，全力落实《长江三角洲区域一体化发展规划纲要》（以下简称《规划纲要》），通过紧抓三大重点区域建设，即长三角生态绿色一体化发展示范区、上海自贸试验区临港新片区和虹桥商务区，为区域内各地参与全球资源配置提供便利，真正实现长三角区域共商共建共治共享共赢，共同服务好国家大战略。

一、高水平建设长三角生态绿色一体化发展示范区

《规划纲要》提出，建设一个覆盖上海青浦、江苏吴江、浙江嘉善的长三角生态绿色一体化发展示范区。这要求我们通过深入践行新发展理念，率先探索将生态优势转化为经济社会发展优势，从项目协同走向区域一体化制度创新，实践“中央公园 + 科技城 + 产业园”的模式，让“绿水青山就是金山银山”这条路能够生动、具象、可持续地走通，形成可复制可推广的建设经验，引领长三角一体化发展。其核心要义可从以下三个层次去把握。

探索跨行政区域治理体系现代化的“长三角样本”。率先探索区域协调发展新机制，是长三角一体化发展的重大使命。长三角生态绿色一体化发展示范区横跨两省一市，突破了行政区划界限，这就

需要各地职能部门围绕规划管理、土地管理、投资管理、要素流动、财税分享、公共服务、生态保护和信用管理等八个重点，积极推进一体化制度创新，消除各种人为和自然形成的要素流动壁垒、产品与服务壁垒，完善多层次多领域合作机制，突破行政区划对生产要素的限制，推进产业布局跨区域调整和产业链重构，使相对独立的行政区划经济融合成一个更大范围的区域经济综合体，形成跨行政区域的统一大市场，为探索更大范围“跨区域联动、次区域融合”的区域协调发展新机制提供“长三角样本”。

突出“生态绿色”一体化发展的示范特色。建设长三角生态绿色一体化发展示范区，充分体现了生态文明建设的要求，推动积极践行“+生态”和“生态+”发展理念，打造生态价值新高地。一方面，建立严格的生态保护体系，推进生态环境协同防治。加强区域生态廊道建设，扎实推进水污染防治、水生态修复，切实加强跨区域河湖水源地保护，提升淀山湖、元荡、汾湖沿线生态品质，建设世界著名湖区；建立示范区统一的生态红线管控制度，统一划分生态空间管控单元；推进标准、监测、监管“三统一”，建立协调高效的一体化环境管理体系。另一方面，构建绿色发展的产业体系和低碳发展先行区。统筹产业发展方向和重点领域，优化整合生产要素的存量和增量，建立绿色GEP核算和跟踪评价体系，创新绿色金融等投融资机制。

加强协同创新产业体系建设。长三角生态绿色一体化发展示范区的建设也是在打造创新经济新高地。其中，做好示范区内现有开发区的统筹发展、联动发展和创新发展将是推动产业转型升级、优化产业布局的重要抓手。未来，示范区内将采用生态导向发展战略，以新技术、新产业、新业态、新模式为核心，以知识、技术、数据、人才等新生产要素为支撑，发展新一代信息技术、生命健康、高端服务、文旅休闲、绿色生态农业等产业，推动产业技术创新和集成创新，协同推进科技成果转移转化，形成具有高显示度和核心竞争力的产业集群，提高经济密度和单位面积产出，把以“亩产论英雄、以效益论英雄”的导向落到实处。可参考日本经济产业省的相关做法，率先建立长三角一体化区域发展动态跟踪系统，实时动态地反映市场主体的经济活动，创新开展非接触、非干扰、非侵入、非损毁的区域动态预测，在约束条件下，结合情景模拟、循证决策、柔性合成，精准地提升一体化协同创新的制度供给水平。

二、高标准建设上海自贸试验区临港新片区

临港新片区是上海自贸试验区改革开放的再深化、发展空间的再扩大和发展战略的新赋能。因此，需站在世界经贸新变局之广度、国家战略新布局之高度、全球城市新样本之深度，对临港新片区进行具象把握。

着力成为新兴、新型的“超级联系人”。经济全球化是世界市场经济发展的必然结果，必将随着全球交通、信息等基础设施的互联互通而不断深入，绝不会因一些风浪而停滞不前。在当前贸易保护主义盛行这种逆潮流发展的国际形势下，在中国成为引领经济全球化旗手的时代背景下，临港新片区打造新的全球“超级联系人”恰逢其时。要达成这一目标，先决条件就是要最大限度地对标中国香港、新加坡，实现投资自由、贸易自由、资金自由、运输自由、人员自由，最大限度地适用国际通行规则并引领数字贸易等新型国际经贸规则制订。其中，关键指标是成为全球资源配置的枢纽节点，跨国公司在这里可有效管理全球资本、调拨跨境资金、实现离岸结算，“走出去”的国内企业在这里可有效统筹国际国内业务，无需去海外设立资金管理平台。

着力成为破除“卡脖子”技术风险的前沿产业新高地。如今，临港地区通过实施多轮特别机制特殊政策，已经形成了先进制造业集群，为打造前沿产业新高地奠定了基础。2019 年 8 月 6 日发布的《中国（上海）自由贸易试验区临港新片区总体方案》提出“建立以关键核心技术为突破口的前沿产业集群”“实施具有国际竞争力的税收制度和政策”“实施自由便利的人员管理”等，不仅是对先进制造业发展瓶颈问题及企业主要诉求的直接回应，更是未来发力的最大突破口。在具备了空间资源、产业基础和特殊政策等叠加优势的基

础上，临港新片区还需在促进跨境研发便利化、构建高效全球研发体系上下功夫，使自身真正成为新技术、新产业的策源地。

着力成为产业和城市高度融合的全球风尚自由城。不同于片面的、单纯的产业园和开发区的定位，临港新片区立足打造与特殊经济功能区相得益彰的全球风尚自由城。因此，应着眼于上海全球城市建设，进而对整个新片区进行整体规划、超前规划，建设面向未来的国际一流现代化新城。在人居环境上，既要服务好国际化高端人才的需求，建设一批高端国际学校、国际医院，允许外籍教职人员、医护人员自由执业，又要促进基础教育医疗资源的优质化，使各类人才能在此宜业、宜居、宜学、宜游。

三、高品质建设上海虹桥商务区

虹桥商务区是长三角地区乃至全国重要的综合交通枢纽，是国内外企业总部和贸易机构的汇集地。未来虹桥商务区应从基础设施建设逐步转向功能完善和品质提升，建设国际化的中央商务区、开放共享的国际贸易中心新平台和具有国际竞争力的商务生态环境，成为引领长三角地区更高质量一体化发展的国际开放枢纽。

共同建设国际化的中央商务区。在长三角区域一体化中，上海龙头作用的发挥，既要向下兼容（包容、兼顾兄弟地区的关切），又需向上迭代（向世界最高标准最好水平看齐），要和苏浙皖三省一道，代表国家参与全球竞争与合作。在高品质打造虹桥商务区的建设中，需要牢牢扭住“流—留—转”，与长三角其他区域一道，做好投资自由化、贸易便利化、金融国际化、治理现代化的系列文章，提升虹桥综合交通枢纽功能，强化对长三角、国内、国际三个层面的辐射服务能力，共同建设具有全球影响力的贸易、投融资、生产和服务网络。其中，上海要发挥好增值赋能的作用，通过建设优质的商务载体、营造国际化营商环境、提供便捷的商务服务，重点发展总部经济、平台经济、数字经济和会展经济，建设世界级商务区，推动长三角城市群更高质量融入全球市场的大循环。

建设开放共享的国际贸易中心新平台。建设国际贸易中心新平台，就是通过贸易与消费，延伸、衍生新的生活方式、新的生产方式、新的交易方式、新的治理方式。眼下，高水平办好进口博览会正为强化虹桥在上海建设国际贸易中心中的门户地位提供了绝佳的契机。对内可培育贸易和消费功能，在传统的线下展示平台基础上，拓展海外投资、专业服务、数字贸易等新兴贸易平台和国际交往平台；对外可强化平台辐射，深化与长三角贸易功能区合作，增强服务长三角连通国际的贸易平台功能；进而实现优质优价、优进优出、进出口平衡、内外贸一体化，实现请进来走出去结合、线上线下融合，激发自由贸易的活力；最终，将形成的“虹桥自由贸易政策经验”在长三角和更大区域复制推广，构建长三角的自由贸易网络，共享面对未来的机会。

营造具有国际竞争力的商务生态环境。优质的商务生态环境归根结底就是以企业全要素需求为出发点，吸纳和汇聚物流、资金流、信息流、人才流等要素资源，形成“场效应”，是城市吸引力、创造力、竞争力的直观体现。如今，建立“政务服务与社会服务”双轮驱动的高能级服务生态的课题正摆在虹桥商务区高品质建设的面前。在政务服务领域，需引入服务长三角的行政管理、贸易服务、城市展示、信息平台等机构；为更好地服务进博会，需加快国家进口博览局入驻，加强商品贸易通关便利化协同，完善“一站式”通关检疫、知识产权保护等衍生服务；加快长三角区域城市展示中心建设，扩大长三角城市交流与对外推广的国际影响力；探索深化面向长三角的产业数据汇集、互联、共享和应用，进而建立长三角指数发布平台。在社会服务方面，加快集聚以服务长三角为目标的高能级公共服务设施，探索长三角管理、医疗、教育、养老服务合作机制在虹桥商务区先行先试，推动社会保障互联互通，进一步优化区域公共服务供给。

“开放、创新、包容”是上海最鲜明的城市品格，“共建共享、互联互通、流留结合、以流促留”是长三角更高质量一体化的基本路径。上海正全面对照国家要求、对标全球顶级城市、对接市场主体生动而多样化需求、对表城市群发展进度，把三大重点区域建设作为发挥龙头带动作用、推动长三角更高质量一体化的重要抓手，为建设一个强劲活跃的增长极贡献“上海力量”。

本文发表于《群众》杂志2019年第20期。

长三角一体化“工笔画”中待强化的若干认知

文 / 前滩综研长三角一体化促进中心

导读：长三角一体化是新时代次区域融合、跨区域联动、高质量包容性协调型发展的牛鼻子，是上海高能级再改革新开放的战略引擎。一体化现状中存在诸多与国家战略要求不适应、政策落地不实、改革突破不快、系统集成不强的现象，需要强化若干认知。

一、共识比黄金还宝贵

共识牵引共同行动。但是各地对一体化的定位，五花八门、各取所需。多数立足于“挖”和“抢”，少数立足于“流”和“留”，立足于“接”和“续”的少之又少。有的地方以为，一体化就是一样化，一体化就是上海化。甚至，还有地方躺在国家战略红利的锦囊上，盲目乐观，不思进取。

我们则坚持，长三角一体化的本质是促进要素自由流动，内涵是连接周边、链接全球，目标是实现共同的美好生活，任务是打造区域协同创新体系、培育先进制造集群和自由贸易集群、构建社会协同治理格局。

二、一体化行动是生动而具象的

战略同构、路径同构、措施同构等，正在成为长三角的显性现象。不管处于什么发展阶段，是否具备条件，人工智能、生物医药、集成电路等，成为各地产业发展的标配；高铁新城、医院联合体、研究院经济等，成为项目谋划的标配；成立招商联络机构、置办上海物业、创建上海专属园区等，成为平台创新的标配。解决与同构化如影随形的“利益打架”“合成谬误”，迫在眉睫。

在长三角一体化这个全局大局中，各地必须精准识别自身的特殊位置、特殊优势、特殊使命和特殊机遇，多轨、多维、“差速化”地推进一体化。从顶层设计看，需要拉出时序、层次、纵深和梯度。垂直分工和水平分工兼而有之的新混合分工体系，亟待建立。

三、政府作为是有边界的

在本轮长三角一体化进程中，各地职能部门高举高打，敢做敢为，做了大量创新而务实的工作，其绩效怎么评价都不为过。但必须注意到，在政治和政策逻辑挂帅主导的同时，市场和商业逻辑的及时跟进还有很大余地。尤其是民资民企的积极性以及参与度，目前看来还是不够理想的。

政治和政策逻辑归根到底，是为市场和商业逻辑开辟道路、保驾护航的；政府职能部门积极作为，但也是有边界的；更需要调动和借助社会的内生力量，让它们唱主角，让它们去试错。

四、须防范过剩产能和不良商务模式

在长三角大尺度的生产力布局调整中，出现了一些企业平移、扩张落后过剩产能的情况，也有一些所谓的实力财团，以高科技、新基地、大投资为幌子，游走在各地政府之间，貌似在优化资源配置，实则在有计划套取土地资源和财政补贴。

在推进一体化的过程中，市场主体动态信息库的共建共享至关重要。可以适时建立白名单和黑名单等制度，最大程度地防止因为信息不对称而耽误产业和区域经济发展的时间窗口。

五、上海的HUB(路由器）功能应愈加凸显

各地铆足了劲，对接上海，承接上海的存量资源外溢。这是有益的，但是不够的。既要“对接”上海，更要“经由”上海，发挥上海HUB的增值赋能作用，融入全球市场的大循环。

上海这个龙头，在长三角一体化中，向下兼容（包容、兼顾兄弟地区的关切)、向上迭代（向世界最高标准最好水平看齐）。如果

说长三角是高原，上海就是尖峰，带领苏浙皖，代表国家参与全球竞争与合作，共同建设具有全球影响力的贸易、投融资、生产和服务网络。不用担心上海被接轨、被分流，无须忧虑上海“水面大了，水位低了”。只要牢牢扭住“流—留—转”，做好投资自由化、贸易便利化、金融国际化、治理现代化的系列文章，上海的系统性竞争力是与日俱增、无可撼动的。

六、上海可率先建构长三角 RESAS

长三角区域合作推进 20 多年来，始终未能形成行之有效的动态量化评价指标体系。各地的产业地图，更多是将现行政策和静态数据简单地图示化、屏幕化。

应该学习日本经济产业省的相关做法，建立长三角一体化 RESAS，实时动态地反映市场主体的经济活动。大道至简，其基本模型的要义是“1-2-3-4”。“1”就是长三角尺度的要素流动便利化（涉及投资贸易生活消费等）。“2”就是基于一体化的企业存活率和成长率，说一千道一万这是终极指标。“3”就是营商环境的三大支撑——绝对的便利性、相对的便宜性、全面的安全性。“4”就是一体化导向的新生产方式、新生活方式、新交易方式和新治理方式。以此为基础，创新开展非接触、非干扰、非侵入、非损毁的区域洞察，在约束条件下，结合情景模拟、循证决策、柔性合成，实证精准地提升一体化的制度供给水准。

本文系 2019 年 4 月前滩综研长三角一体化促进中心召开内部研讨会后形成的成果专报。

长三角一体化示范区在生成、合成与分成中实现融合联动

文 / 何万篷

导读：2019 年 11 月 19 日，国家发改委正式发布《长三角生态绿色一体化发展示范区总体方案》（以下简称《总体方案》）。《总体方案》指出，建设长三角生态绿色一体化发展示范区，是实施长三角一体化发展战略的先手棋和突破口。将长三角生态绿色一体化发展示范区建设成为更高质量一体化发展的标杆，有利于集中彰显长三角地区践行新发展理念、推动高质量发展的政策制度与方式创新，率先实现质量变革、效率变革、动力变革，更好引领长江经济带发展，对全国的高质量发展也能发挥示范引领作用。

记者：示范区建设提出“两个率先”，率先探索将生态优势转化为经济社会发展优势、率先探索从项目协同走向区域一体化制度创新。怎样理解“两个率先”？

何万篷：“生态绿色”是长三角一体化发展示范区的总要求和总特征，重点是实现绿色经济、高品质生活、可持续发展有机统一，走出一条跨行政区域共建共享、生态文明与经济社会发展相得益彰的新路径。

长三角生态绿色一体化发展示范区范围包括“两区一县”，提出了“不破行政隶属、打破行政边界”的要求，这就需要积极推进一体化制度创新，消除各种人为和自然形成的要素流动壁垒、产品与服务壁垒，完善多层次多领域合作机制，突破行政区划对生产要素的限制，推进产业布局跨行政区调整和产业链重构，使相对独立的行政经济融合成一个更大范围的区域经济综合体，形成跨行政区域的统一大市场，为探索更大范围“次区域融合、跨区域联动”的区域协调发展新机制提供“长三角样本”。

记者：在打造生态优势转化新标杆、绿色创新发展新高地方面，

示范区应如何作为？

何万篷：示范区应采用生态导向发展战略，以新技术、新产业、新业态、新模式为核心，以知识、技术、数据、人才等新生产要素为支撑，发展新一代信息技术、生命健康、高端服务、文旅休闲、绿色生态农业等产业，推动产业技术创新和集成创新，协同推进科技成果转移转化，形成具有高显示度和核心竞争力的产业集群，提高经济密度、提高单位面积的产出，把以亩产论英雄、以效益论英雄的导向落到实处。建议学习借鉴日本经济产业省的相关做法，率先建立示范区区域经济分析系统，实时动态地反映市场主体的经济活动，创新开展非接触、非干扰、非侵入、非损毁的区域洞察，在约束条件下，结合情景模拟、循证决策、柔性合成，精准地提升示范区绿色创新发展的制度供给水平。

记者：示范区将统筹生态、生产、生活三大空间，不搞集中连片式开发，打造“多中心、组团式、网络化、集约型”的空间格局。相比以往开发区建设，此次示范区建设有哪些突破？

何万篷：示范区的建设不搞集中连片式开发、不走传统开发区的路线，这一观点已形成广泛共识。城市的空间就是人类生产生活的空间，它的空间特征取决于并反映出区域生产范式的特质。如果说工业经济条件下，哪里有企业哪里就有就业。在服务经济条件下，哪里人口和人才扎堆，哪里就有活力和生机，哪里就有生意和买卖，哪里就有企业和产业。

示范区的空间特征，正反映了生产范式由传统工业经济向服务经济的转变，体现了城市产业空间的新特征，未来将形成以示范区先行启动区为尖峰、示范区为高原，以及由若干经济廊道串联的长三角高质量一体化的产业和经济网络。

记者：示范区将重点围绕规划管理、生态保护、土地管理、项目管理、要素流动、财税分享、公共服务政策和公共信用等 8 个方面率先开展一体化制度创新。你对哪个方面的制度创新最关注？你认为应该如何突破制度障碍、进行创新？

何万篷：示范区建设生态保护当然是重中之重，但除此以外呢？我们不妨归纳一下，用最简单的语言——生成、合成、分成，来解释示范区要开展的一体化制度创新。

生成，就是促进要素自由流动。在各自既有动能的基础上，通过协调、协同、协作，生成新的动能。要素流动是通过项目来承载和实现的。如何谋划和对接生动而具象的项目？最朴素的感知，就是“绝对便利、相对便宜、本质公平、全面安全”。

合成，就是规划管理、土地管理、项目管理、公共服务政策和公共信用。这就需要一个强大的公共平台。它可以是有形、有限空间，譬如更多的产业公地；可以是无形、无限市场，譬如基于共同标准的统一大市场；也可以是充盈的资金池、开放的项目库、灵敏的“消息树”；最关键的，是制度供给的合成性，充分释放战略叠加效应，避免“合成谬误”。

分成，就是财税分享。譬如分蛋糕，分旧蛋糕，寸步难行，分的是新蛋糕比旧蛋糕多出来的部分。但即便是分多出来的部分，也不一定皆大欢喜。这就要讲政治规矩、经济规律、市场规则、技术规范。示范区实践的“惊险一跃”，就体现在分成上。“跃”得好，效能倍增；“跃”得不好，事倍功半。

记者：作为长三角一体化发展的积极倡导者、有力推动者、全面参与者和坚强支撑者，政协委员在推动长三角一体化示范区更高质量发展方面，可以做些什么？

何万篷：示范区建设具有极大的区域带动和示范作用，不仅是长三角一市二省党委政府的事，也是人民政协的事。人民政协在服务示范区发展中大有可为、不可或缺。政协可以充分发挥人才荟萃、智力密集的优势，围绕示范区建设的一些重大问题作深入研究思考，努力提出具有前瞻性、针对性、可操作性的对策建议。

本文系2019年11月26日作者就有关话题接受《联合时报》的采访，原标题为《建设示范区·委员怎么看——政协委员与专家学者热议长三角一体化示范区建设》。

中小企业质量提升的两大 KDF

文 /《质量强国战略下中小企业质量提升策略研究》课题组

导读：中小企业是我国国民经济的重要组成部分，也是我国数量最庞大、创新最活跃的企业群体，是提供产品和服务的市场主体，是质量安全的责任主体，也是质量提升的主力军。前滩综研通过对“浙江制造”及部分企业的考察，探讨制造业中小企业质量提升的共同行为特征、经实践验证的经验与方法，提取共性、合并同类项，以期服务于更广大中小企业。

一、样本洞察：优秀中小企业质量提升的共性提取

四家样本企业的访谈，对象包括创始者本人或企业指定发言人、行政高管、技术高管和质量总监。虽所在行业不同，表达方式各异，但交流中并无哪家刻意标榜体系认证以自我美化，他们普遍更关心和强调的质量议题，不约而同指向“下道工序是客户”——诉求更广义的质量辐射扇面，他们极度排斥质量不稳定的供应商，也绝不容忍自己有瑕疵品流向下游，影响整体使用体验；保质又保量，必须取决于原料可靠、设计可靠、设备先进精密，还有素质较高的熟练工团队，这些因素环环相扣缺一不可。每天重复面对琐屑、枯燥、繁杂的“人机料法环测”，非常需要责任、耐心、定力和系统性思维能力。因为这其中包含了太多技术和经验层面需较长时间积累才能掌握的知识，支撑质量提升无疑需要预支必要的人力、财力、物力。

他们未必确切知道“大质量”定义，但都明白关乎自己企业成长的因素，包括但不限于个人、部门、厂内“小圈子”的就事论事，还应虑及上下游厂际间质保体系衔接乃至自身所处行业大环境。恰如一首英格兰古民谣唱的：“丢失一个钉子，坏了一只蹄铁；坏了一只蹄铁，折了一匹战马；折了一匹战马，伤了一位骑士；伤了一位

骑士，输了一场战斗；输了一场战斗，亡了一个帝国。”

（一）注意力集中的务实性企业

依靠数十年不懈深耕，四家“小而美”企业在各自行业建起了口碑、商誉和渠道的“护城河”；但专注“头部产品”也意味着断然放弃一些能赚快钱的“容易市场”。

《对话索尼》中，任正非说：“如果我们把眼光只盯着落后市场，成功以后再来盯发达市场，那当你把农村做完时，就已经被时代抛弃了。因为时代发展太快。”

东海水表从中国香港市场起步，22 年一心只向“头部”的欧洲市场，做出了世界最高量程比的水表；天际互感器“只想做最好的互感器”，矢志不渝追随国网、南网；阿克希龙舜华“技术换市场”，只供全球 80%“头部品牌”口红的常年订单；依蕾毛纺一次次红海突围后终于望见了精纺羊绒纱线的世界之极。

（二）安守本分的非主流企业

经济学家金碚研究员对工业企业转型升级的预判研究，多年前就不无担忧“战略选择中也有一些值得研究并引起很大争议的现象”，意指制造企业“进入了并非是‘更先进’而是‘更赚钱’的产业”，以新的“非主营业务”收益所得对“主营业务（制造业产品）进行交叉补贴”，当年海尔、海信、康佳、美的先后进入房地产业，在他看来“这成为一种很普遍的现象”，这种主流现象“是一个非常值得观察和研究的现象”。

依蕾毛纺创始人沈国良 2014 年婉拒参股外地省会地产项目；阿克希龙舜华创始人朱升尧也因不愿涉水房地产被讽“傻子”；按兵不动的东海水表和天际互感器亦未有丝毫“战略分心”。他们共同的行动方向都只向着产品高附加价值端发力，“错失”了迅速放大财富规模的“良机”。

四家样板企业一致选择“不会寻求上市”，谁能确保投资人是否愿意“放弃短期利益和市场”？利益相关方愈多就愈难形成关键共识。资本运作下，专注钻研、虑及长远的企业确难生长，先进资源整合、新产品研发皆为慢变量，但投资人并不全是理想主义者。

（三）领导力持久的耐力型企业

截至2019年，四家企业最悠久者东海水表创业已46年，创始人袁利定老先生已过世一年，现由儿女共同接班；最年轻者是创业20年的依蕾毛纺，70后创始人沈国良已在谋划股权改革驱动的未来交接班。

他们的个体生命轨迹，叠合于改革开放的激荡进程，伴随着山野农夫、小镇青年的集体无意识，富有生动且多姿的历史具体性。四明山山民袁利定老先生起步于村办小厂；同为教师的天际互感器创始人毛赛春、祝顺峰伉俪承包下本县校办工厂；朱升尧老先生起家也是借钱创办的校办企业；失业青年沈国良逆袭始于租赁厂房设备。长期偏安乡梓，他们手握工艺、握手世界。

前期创业艰难的大同小异，塑成了他们内心明辨是非、曲直、盈亏的心理倾向体系；投射到各种决策，“既能利己、又不祸人”是一以贯之的主旋律。企业文化的形成取决于决策者的言行、格局和信念，每一个决策也都潜移默化影响到员工观念具有同样稳定的倾向性。

（四）专注到偏执的技术控企业

大量关于中小企业的研究，颇多诟病企业投入产品研发严重不足，甚至几乎没有研发。产品研发和创新的意愿，是与技术能力、设备等级和生产管理水平强关联的。这些由创始人驱动的企业，年产值在同业头部梯队中并不算高；他们和团队却很清楚，产值、规模不能概括一切，创新缺失就是企业自弃未来——“头部效应”意味着与利润丰厚成正比的高门槛和技术含量。技术创新怎样成为第一动力？在研发设计上下功夫提供高价值差异化，在设备上花大本钱实现高价值差异化，从细节上打造精密生产确保高价值差异化，质量管理就是巩固、转化技术创新成果的不二法门。

东海水表可以坚持11年研发一款新产品，在与欧洲企业的技术血拼中胜出，袁利定老先生晚年的乐趣就是闷头编写标准；祝顺峰主管天际市场营销，他拒绝一切应酬，最爱躲在屋里琢磨电网需求；毛赛春和沈国良都舍得动辄数千万元更新设备；沈国良还喜欢对进口生产线“动手动脚”进行改造，毛赛春更偏爱最新型检测仪器，她甚至要求自检等级必须模拟第三方检测机构的装备、环境和状态。

（五）包容性成长的进步型企业

“丰田之道”定义的丰田两大 DNA——持续改进、对人的尊重，“中国 TQM 之父”刘源张院士生前讲得最多也极透彻：质保体系成功与否务必顾全员工利益。持续改进是旷日持久的坚持，涉及企业最高管理者到整个管理层再到每位工人、每一环节。劳动力不再是可以随意挥霍的资源，用工观念亦属改进之一，此是全员参与的基础。

省略过程看现状，这四家企业的用工都能以长期互利互惠增加员工对老板和企业的依存感。依蕾毛纺 97% 系本地员工，有逾四成在房价不低的县城购置了商品房，且全厂开放县电大免费学业；阿克希龙舜华逾 1/3 员工拥有私家车，本地员工大多从事高薪的管理和技术工作；天际互感器和东海水表因退休缘故本地工逐年减少，但老员工们均能稳定获得企业发放的相应退休福利；此外，吸收不分籍贯的“厂二代”“厂三代”均列入了这些企业的 HR 规划。

（六）触类旁通的升维型企业

工业企业升级转型是一场需要耐力和定力的长跑，中国社科院工业经济研究所金碚研究员指出：“各类企业转型升级的共同特点是更加依靠技术创新。”

质量和成本优势是产业竞争恒定的主题，一家志在专业化制造的企业若能占据分工体系里单个或若干环节，形成同等或更优质且相对低成本的生产和服务优势，就有望成为行业翘楚。然而知易行难，难在搜寻“升维”的进点——主业产品的技、艺、质、服怎样做到全链条极致化？“接二连三”的“产品 + 服务”互融延伸，在竞争中标定更高附加值环节，四家样本企业都借助竞争迫使自己“升维思考”。

东海水表的“互联网 + 水表”已是很多水务企业首选的供水大数据智能服务；天际互感器自建起清一色特制大集卡的远程物流车队，把产品“出厂”的含义伸展到纵横千里的特高压工地；舜华嵌入各头部品牌的全球同步研发体系；依蕾毛纺结合湖州传统丝织原料，破解欧洲曾经独门的“真丝羊绒”——男士真丝羊绒 POLO 衫，ARMANI 标价人民币 10 924 元、TOMFORD 是人民币12 099 元，依蕾供货的国货能卖到人民币 8 000 元！

所谓难者不会、会者不难。打破固有思维，多是一个极细小的触点，带动企业向更高层升级的组织性变革，达成了从同质化格局脱颖而出的“超越竞争”。

二、KDF 分析：质量提升是因人而事的经济活动

课题组试图基于对调研企业质量提升行为的同类项提取，对齐“一把手质量→企业家才能”“持续的全员进步→耐心坚持下的提升”两大经典理论，试做内在逻辑的分析，提炼出中小企业质量提升的 KDF。

世间“事皆人为”，且国人传统行事向来“因人而事”，我们调研中的提问设计与场景选取，均依质量管理八项原则而展开实证观察，侧重“领导作用”“全员参与”“持续改进”三项，其中又聚焦企业自身“头部资源”——企业家才能（创始人）。

（一）质量、创新是利益驱动的行为

无论从微观经济学“生产者行为理论”出发，还是从质量提升自身理论发展引据，质量和质量管理都是毋庸置疑的逐利行为——高质量生产制造过程，降低废品率和各种消耗，提升良率和效率，是最常见的经济效益。

现实中，TQM 得以广泛应用，与赋能企业获益的功能密切攸关：质量不仅考虑技术指标，还要综合评价制造成本、价格、使用价值、库存周转和消耗，支持“市场成功”和“财务成功”，实现利润最大化。

创新，同样也是逐利的——是企业满足市场需求的商业行为和小聪明式的智力成果。创新产品旨在提供更高性价比，实现路径无非依托改善生产工艺和设计。创新在英语世界泛指企业研发、生产和经营管理的成果；在“质量是设计出来的”世代，二者关系很清

晰，质量管理就是创新成果转化为实体产品特性的不二法门。

石川馨教授1964年就在《质量管理入门》一书中写道："不赚钱的质量管理就不是质量管理。"我国较早以经济学角度认知质量的学者中，同济大学尤建新教授直言不讳指出，"质量"一词本就是经济的概念。

无论哪个领域的高质量发展，都属慢变量的高难度增长，付诸长久努力也未必能得见大成效。任正非就曾感慨："高级水晶杯、高级的银餐器都是德国小村庄生产的。我去过两个小村庄，他们打出来的表格说，他们从来不谈销售，只谈占世界份额的多少。村办企业啊，讲的是他占世界份额的多少。所以这一点来说，我们要回归踏踏实实的经济，经济的增长不可能出现大跃进。"

（二）企业家+员工：质量提升的KDF

1. KDF1：企业家才能

18世纪30年代，经济学家理查德·坎蒂隆首次提出"企业家"概念——"使经济资源的效率由低转高的人"；"企业家精神"则是集合精神和技巧的"特殊技能"。

企业文化是企业家才能和信念在经营管理实操中的投射，企业文化等同于企业习惯的管理方式，本质上源出企业家本身。

微观经济学认为，企业家才能是在现代生产条件下，由企业家有效组织劳动力、资本和土地三种生产要素所渐成的经营管理和创新组织能力；在生产者行为理论中，企业家是为实现利润最大化而作出各种抉择或决策的人，投射到全面质量管理，他就是敢于推动结构、技术、人员变革的那个人。

也有国外学者对社会环境与改革开放后第一代创业企业家的影响展开研究，研究认为苦难是人生的老师，大环境提升了人对风险的承受力，这一代数量庞大的中国企业家，生逢改革开放的历史机遇，激励他们愿意创业、改变人生际遇。四家样本企业创始人及团队恰都是这个年代的过来人。

毛赛春在座谈时还特别强调"现在是有文化的才能办企业"，靠胆子大办企业的时代已经过去了。对标坎蒂隆的定义，参照这几位创始人的经历，企业家才能、技术创新意愿和高素质人才吸纳，显然是决定性的因素。

(1) 现实中的中小企业家

2018 年 3 月，在今日头条的问答社区“悟空问答”，有网友创建了一个条目：“现在制造业中小企业的老板都是什么心态?”一年中上传 1 028 个回答项，收藏 1 016 次。

总体观感，主流情绪是悲观消极，抱怨从政策到市场无所不包，但也有不少客观反省。

一位企业主写道“中小企业难以为继，这是工业化发展的必经之痛。改革开放至今，粗放式的制造业以走到了尽头。产品雷同、质量低下、单以价格拼市场的模式已经一去不复返了。贪大求全、急功近利、靠拉关系跑市场的思维将无法生存。想想日本的螺丝、拉链和他们的百年企业，想想人家是怎样生存下来的吧！并不是只有搞高科技才能活，精益求精才是根本。粗制滥造、污染环境、没有诚信必须改。我的看法就是减法，去掉浮膘，专攻自己擅长的行业，缩小自己的经营范围（哪怕是一颗螺丝），把有限的资金用在刀刃上，持之以恒才能渡过难关。”

另一位网友说“中小企业很多人习惯性地把他们跟缺钱放在一块考虑问题，当然这样也没有错，确实是很多中小企业缺钱。但是中小企业真正缺的不是钱，缺的是技术、人才、市场！要说中小企业老板是什么心态，这么说吧：我在中小企业工作了十多年，中小企业给我的感觉就是生命力很弱，能存活上十年的很少，存在时间超过十年的中小企业还能有活力的更少，大部分的中小企业都是因为产品没有竞争力被市场抛弃……更要命的是，大部分的中小企业所做的产品都是高度的同质化，市场竞争对于他们来说就是价格上的竞争，谁的价格做得够低，谁的生意就会更好。但问题是任何行业只要进入了价格竞争这个死胡同，产品质量必然出问题，小问题影响的只是短期的销量波动，一旦出现批量的质量问题很有可能就会直接致命。中小企业也没有什么多高水平的管理人员，大多中小企业的员工都没有经过专业的系统的上岗培训。所有人从管理到员工都是凭着经验做事，没有一个绝对的标准，更没有这个正规的管理制度，管理更多的是人情……很多事情是需要市场去净化的，而不是拔苗助长。”

还有一位网友说：“有过理想、为国家真正做过贡献的企业家，如果没有愧对社会，如今多半是愧对家人。再看看当下商业环境，少有质量和技术的创新，多在讨论模式创新，靠模式设计、‘烧钱’理论捞快钱！我们也被洗脑被教育要重新学习，要跟得上形式，否则人生输的连渣都没有！这是资本恶性的体现！”

(2) 绕不开的事：时间、求变或消失

困境是长久形成的，非一招一式能破。真实状况下的海量中小企业主，通常就是创始人、经营者和管理者的结合体，每个个体都背负着极为沉重的各种压力。

很多从事简单装配、加工的企业主，对于能否转入制造尚且纠结——按自己的工艺、用自己的原料、生产自己的产品，毕竟需要很长期积累过程才能实现。

非常多评论讽刺绝大多数企业主受自身文化、环境影响，都是带着博取眼前利益的想法，无视技术落后、创新滞后，导致供给质量效率与产品质量差日益严重。

若换个角度看，技术创新讲究技术结合业务：国外智能制造就是结合现实业务。而我们大多数企业首要是转型，再寻找未来业务。生存脆弱的中小企业事实上也相对耐不住，不是所有人都学得来这些，优秀企业能杀出血路，就是因为太多同行都不敢、不愿意先投入、提前准备。

2. KDF2：员工与全员进步

刘源张院士总结，全面质量管理的真谛是提高企业整体素质。

产品质量靠工作质量来保证，而工作质量的好坏主要是人的问题。怎样挖掘人的积极因素，健全质量管理和约束机制，是质量工作的重要环节；规范人的行为、规范人与人的关系、规范人与物的关系，使质量管理不再是技术、检验等少数人的管理，应该作为一种企业文化，成为多数人共同参与的管理活动。

质量管理的科学性源自一切凭数据说话，生产过程中的原始质量数据，留存、统计、分析都在班组，这也是样本企业全都将教育培训重心下沉至此之故。

不是所有中小民企都没有愿景、得过且过、小富即安，还有一种情况更可怕：战略与执行脱节——决策者战略欲望高到无人能有效扼制；而执行层由于员工素质低、跟不上节奏，形成了两张皮。

相当一部分企业文化是从书本、文件提取的，但真正的企业文化是不能硬套的，是在企业家长期调教下的团体意识和行为，再多的伪文化培训都不能被广大基层员工认同。

三、政策建议：顶层持续优化、末端放手包容

（一）营造中小企业质量提升外部发展环境

在政府顶层设计中的“质量”总体性经济问题，应该加强研究质量范畴所反映的社会经济关系，特别是研究质量提升的社会经济条件——关注问题生长的土壤和环境，包括经济增长质量、社会治理质量、环境质量、生活质量、工作质量、职业技能教育质量等。

（二）构建中小企业质量提升法治集成工具

市场经济是法治经济，促进质量提升的第一维度在于净化土壤环境、强行矫正企业主心态，通过政府之手强行干预市场失灵环节。

强行干预必须依托垂直监管体系自上而下的纵向贯穿，以尊重市场规律和民生意愿为基本前提，廓清过去认知边界的旧识，维护“以质论价”“优质优价”的正常伦理秩序，强行矫正交易心态和行为节操，为中小企业公平角逐国内消费升级提供获益可能。

强行干预要从制裁机制上对劣质说“不”。市场监管新政的雷霆出击，必须直戳人民群众反映强烈的问题，本质就是要向安守本分的企业提供“最优服务”——打出一个能让本分者心无旁骛、守正向善、活得舒心的“好的营商环境”，创造一个公平竞争的市场环境。

（三）创新中小企业质量提升公共产品研发

生存脆弱的中小企业所需要的“有质量生态”，至少应该包含：高质量的技工教育、高质量的融资服务、高质量的研发转化和消费

者（市场）心态。持续维护和提升企业所需的生态质量，政府的作用不在于一个或几个政府部门，不可忽视、更不能无视。

（四）推动中小企业质量提升治理方式变革

顶层持续优化、末端愿意放手，过程中包容、开明，才能真正实现当代治理的现代化转型。现代治理若一味地强调社会自治或是市场自由，都是不折不扣的伪命题。在政府、社会、市场的多元共治体系中，“浙江制造”不慌不忙准备了 11 年，行止取舍一概取决于符合价值规律的市场法则，折射出现代治理中政府应有的行为方式，造就了质量提升最国际化的国内实践范式。

本文系 2019 年 6 月前滩综研承担的国家社科基金重点项目“中国经济转型期质量强国战略研究”支撑课题研究成果摘选，课题组组长何万篷，主笔洪涛，成员周学强、向际森、李润楠。

钱塘新区助推杭州先进制造业崛起

文 / 何万篷

导读："考察一个城市首先看规划，规划科学是最大的效益，规划失误是最大的浪费，规划折腾是最大的忌讳。"这是习近平总书记关于规划的重要论述。2019 年 4 月，杭州钱塘新区正式批复设立，要求杭州大江东产业集聚区和杭州经济技术开发区合力，将新区打造成世界级智能制造产业集群、长三角地区产城融合发展示范区、全省标志性战略性改革开放大平台。

我不是搞城市规划的，是研究产业经济和区域经济的。我把今天的研讨，理解为生产力布局研讨，也就是在战略性标志性开放平台的引领下，来布局产业和社会活动的尖峰、高原、廊道和网络，进行开发和开放，就与 1990 年 4 月 18 日浦东新区开发开放一样。从上海看杭州，心态是比较复杂和微妙的。但是这一次来，除了看到了杭州的秀气外，还看到了大气、人气和财气，让人很服气。

关于杭州，有三句话。第一句话：从省内看，杭州带着全省转，宁波自转，舟山空转，温州虚转，绍兴台州创新转，湖嘉傍着转，金衢丽艰难转，义乌全球转。第二句话：从国内看，2017 年第一季度到 2018 年第二季度，杭州互联网工程师的人才净流入率为 12.46%，23.56%来自上海，17.26%来自北京。第三句话：从国际上看，和中国相关的主流供应链是珠三角造箱子，苏南装箱子，义乌发箱子，宁波数箱子，上海数单子，新加坡算票子，伦敦数票子，纽约发票子。

中国经济的基本面上是什么？现在是制造大国，未来是消费大国，中国人愿意为高品质买单了。浙江经济的基本面是什么？五个经济：民营经济，外向经济，实体经济，数字经济，海洋经济。钱塘新区到位之前，最代表浙江基本面的，是宁波。杭州要补短板，补上短缺的实体经济，尤其是以先进制造为内核的实体经济，就要靠钱塘新区了。

关于钱塘新区，从区位条件上，很自然地想到浦东。昨天晚上，卢局长陪我们夜游江堤，如数家珍，介绍得非常详细，非常全面，让我们从精气神上真切地感受到，这是一片不输给当年浦东的创新创业热土和乐土。我还想到，浦东新区开发开放的引领者赵启正，当时说了非常著名的两句话：一是要站在地球仪旁去思考；二是少请示，多干活。

然后再回到今天的话题上。大家比学赶帮，都在做战略思考。什么是战略规划？彼得·德鲁克有句话：叫眺望未来。准确识变，科学应变，主动求变。我们要问：15 年后，30 年后，钱塘新区在杭州、浙江乃至全国改革开放再出发的大局全局中，有什么特殊位置、特殊优势、特殊使命、特殊机遇？15 年后，30 年后，钱塘新区，除了“新区”的标配之外，还“新”在哪里？或者说，新生产、新生活、新交易、新治理，是如何在空间、时间和内容维度上，进行谋篇布局，进行孵化和催化的？如何以钱塘之强，补杭州之短，领全国之先？国家队中规院、省院、市院，给我们呈现了高水平的回答。但是，我个人的感觉，够严谨，够规范，不够大胆，不够创新。

我们如何把战略规划这件事情做对？其实是四个“对”，就要对接市场需求（对存量市场资源的调研，既重要，又远远不够。譬如说有一个全球最大的、Class A 级别的共享式生物实验室，已经到上海张江药谷了，他们现在很想到杭州来），对照上位要求，对标国际最高标准最好水平，当然，最后还要对表 2035 和 2050。钱塘新区不仅像浦东，我觉得还像极了东京 23 区之一的大田区，它曾经被称为“企业城”，它是东京湾区制造业的公共技术集群，哈佛案例称之为“产业公地”。给东京松绑、解围的过程中，崛起的大田区发挥了不可替代的功能性平台作用。它没有大装配和大装备，更多是核心性、技术型创新制造业企业的技术服务集群。我觉得还要学习新加坡，学习迪拜。迪拜，是全世界最野蛮粗暴规划出来的城市，它的生产力布局有很多特点，其中一个是点状的“楼宇式自贸试验区”，为创新企业提供“临时的灵活性”——在特定地域、特定领域，实行特别政策特别措施。用我们耳熟能详的话，就是“封闭测试”。

到底什么是好的战略规划呢？“2233”——两预，两共，三层次，三路径。我觉得更有价值的，可能是功能节点的策划。类似浦东的金融陆家嘴、科创张江、先进制造金桥、自由贸易外高桥、公共活动世博前滩、新片区临港等。这些功能节点在哪里？什么样？需要正面、直接、清晰地大胆设想，小心求证。

简单而终极的路径：流—留—转。

接下来说说面向2035的预见：

——全球化退二进三，在重构中重新加速。

——长三角一体化空前加速。

——“一带一路”倡议越来越被认同，参与度越来越高。180个国家和国际组织，和我们签了合作文件。

——制造业的引领和兜底。

——现代化产业元素的集聚方式（学习硅谷、硅巷、波兹曼、奥斯汀）。

战略规划中要：

——增加国际交往功能（设立杭州市发改委城市国际化促进办公室）。

——突出“极点”和“拐点”思维。

——克服“合成谬误”。

——识别KDF（开放经济、消费社会、多元文化、科技创新、智慧治理）。

——培育产业生态（消费促进和贸易服务综合营运，授权赋能，先进制造，公共活动……未来产业，尖峰产业）。

——强调经济密度。

——耦合积极的企业政策和相对激进的基础设施政策。

——用好国际机场。

——实行接力政策。

本文系2019年7月29日作者在杭州钱塘新区战略规划及综合交通规划专家研讨会上的发言要点。

高质量融入长三角一体化的德清样本

文 / 德清县委政研室

导读：浙江省湖州市德清县是最早提出“接轨大上海”的城市之一。随着长三角一体化国家战略的推进，上海与德清的联系正变得更为紧密。未来，德清将通过与上海全方位、多领域、深层次的对接，充分承接上海的溢出效应，以高质量融入长三角一体化。

一、“接轨大上海”——德清的小城大梦想

2018 年起，“长江三角洲区域一体化发展”这一国家战略迅速推进，让长三角城市为之振奋。2003 年便提出“接沪融杭”，正式将“接轨大上海”上升为一以贯之大战略的浙江省德清县亦是如此。

很多人可能不知道：一直以来，东望上海、南接杭州的德清，与上海之间的关系，可谓“你中有我”“我中有你”。改革开放号角刚刚吹响，上海人的“身影”就活跃在德清。当年，来自中科院上海硅酸盐所的专家学者走进德清电子器材厂，开创了产学研结合的“德清模式”。同时，德清企业从上海请来了“星期天工程师”，让德清实现了“农民造钢琴”的梦想。

二、德清搭上长三角一体化发展“快车”

当下，长三角一体化不断“升温”，区域交流与合作日益频繁。如何搭上长三角一体化发展这列“快车”？德清正在一步步探索、推进。2019 年，德清将“重大战略融入工程”作为“十大工程”首位，在农历新年后首个工作日，专门对“融入长三角一体化”进行全县动员，足见德清对于更高水平、更高质量融入长三角一体化发展的信心和决心。

事实上，“接沪融杭”一直是德清坚持的发展战略，“长三角一体化上升为国家战略”则为德清的“接沪融杭”提供新机遇，“融入”的深度、广度、维度也随之升级。德清正积极融入国家战略，促进协同发展。现在，《德清县融入长三角更高质量一体化三年行动计划》（以下简称《行动计划》）已全面实施，成为德清融入长三角一体化的宣言书、动员令和路线图。《行动计划》将强化融杭首位度，重点是融入大都市现代化经济体系和城市公共服务体系，加快推动大湾区、大花园、大通道、大都市区建设；提高接沪显示度，重点以德清特色优势产业为支撑实现项目招引突破，全力嵌入全球产业链和价值链；拓展苏皖联系度，重点是集聚两地科创要素，对接南京、合肥的技术、人才。通过实施“融杭接沪通苏皖”战略，全面开展“八大行动”。重点打造“四个地”（数字经济新高地、协同创新策源地、投资营商最优地、山水度假首选地），提升县域发展科技化、国际化、品牌化水平，力争到2021年，把德清打造成为新时代县域高质量发展的排头兵、长江三角洲区域一体化发展的生动样本。

上海作为长三角一体化的龙头，自然是德清融入工作推进的重中之重。在接轨上海方面，将深化上海—德清“双向飞地”建设，拓展在深化改革、政策研究、休闲旅游等各领域对接交流。加强与上海主流媒体的合作，加强“文化走亲”，积极承办更多有国际影响力的会展活动等，提升德清知名度和影响力。对此，德清县委书记王琴英表示，德清将充分发挥与上海地缘相近、人缘相亲、文化相融的优势，主动接轨大上海，积极融入长三角一体化，推动德清高质量发展。

30年前，上海高校的专家学者以“星期天工程师”的形式帮助德清开创了产学研“德清模式”。现在，德清与上海间的产学研合作还在延续。2019年4月，德清科技成果转移转化服务创新（上海）券发布。此举为德清县新搭建了一条与上海科技资源对接合作的高速通道，标志着与上海的合作迈上了新的台阶。此外，值得一提的是，上海-德清科技成果转移转化中心将依托上海科学技术交流中心的资源和专业优势，开展人才培养、技术攻关、成果转化、科技咨询等为主要内容的科技服务，进一步推动上海科技、产业、人才等资源集聚和交流融合，打造长三角科技成果转化的“德清品牌”。

不仅在科技方面，品牌“联姻”亦是两地合作的“发力点”之一。2019 年 5 月，德清 3 家企业与上海老品牌成功“联姻”，16 岁的德清久胜车业成功牵手 122 岁的上海凤凰自行车，双方将在产品创新、市场推广、合办赛事等方面携手发展，合力增强品牌影响力和号召力；德清企业浙江乐韵钢琴有限公司与上海钢琴（施特劳斯）有限公司再续 35 年“钢琴缘”，共同开创互利共赢新局面；浙江德悦食品科技有限公司与上海丁义兴食品股份有限公司，则希望通过品牌合作强强联合，在新的消费趋势下，使老字号品牌焕发新的生命力。而这正是德清优化营商环境，加快高质量融入长三角一体化的生动实践。

现在，德清正借联合国世界地理信息大会在德清圆满召开之东风，特别是紧紧抓住“办好联合国世界地理信息大会”写入《长三角区域一体化发展规划纲要》的机遇，立足地理信息产业优势，大力推动“车联网 + 地理信息”跨界融合。德清正从顶层设计、硬件基础、应用落地、产业发展等方面进行布局，突出地理信息和全域开放两大特色，建设浙江省首个全域城市级自动驾驶与智慧出行示范区。

三、美丽乡村催生“美丽经济”

德清作为“洋家乐”的发源地，最早始于 2007 年，至今已有“洋家乐”150 家，现在已经成为德清旅游的金字招牌。突出“原生态养生、国际化休闲”主题的“洋家乐”，走出了一条独具特色的乡村旅游发展之路，形成了生态旅游发展与百姓增收致富相互促进、绿水青山就是金山银山的良好发展局面。

德清的“洋家乐”，主要集中在西部山区，分为三大类：一类是以裸心谷、裸心堡、法国山居为代表的由外国人直接投资建设的精品度假酒店；一类是以隐西、西坡、大乐之野、莫梵为代表的农民房改造的高端精品民宿；还有一类是以 Discovery 探索极限基地、骑域马术、路虎体验中心为代表的户外运动基地，及小辉创意工作室、瓷之源、云鹤山房等为代表的文化创意产品。此外，为保持以“洋家乐”为代表的民宿品牌形象和品质内涵，德清还编制了《德清西部地区保护与开发控制规划》，参与了国家民宿标准规范制定。

近年来，德清正进一步提升和发展“洋家乐”高端休闲度假品牌，加快建设环莫干山、下渚湖、新市古镇三大旅游板块，拓展文化旅游、户外运动、工业旅游、低空旅游、科技旅游等新型业态，打造全域化、国际化、品质化的旅游目的地，力争 2020 年旅游总收入达到 325 亿元。在这个过程中，旅游产品也变得更加体系化、品牌化。值得一提的是，从 2019 年 9 月 23 日到 12 月 1 日，历时 69 天的首届美丽中国田园博览会成功举办，1 个主会场、6 个分会场、66 个精品园区以及 5 条“田园德清免费游”精品路线，多样化呈现德清的田园和村庄景观，有力推动全域旅游高质量发展。得益于田博会的成功举办，2019 年德清乡村旅游接待旅客突破 800 万人次，同比增长超过 20%。

事实上，德清不仅有以“洋家乐”为代表的“农村 + 旅游”，在“农村 + 大数据”上也是成果丰硕。近年来，德清抢抓全国新一代人工智能应用县、联合国世界地理信息大会等机遇，对农村的生产、生态、生活“三生空间”进行了一场大规模的“数字革命”，在全国首次农村人居环境普查中位居第一，并成功获批全国数字农业试点县。比如，在“互联网 + 乡村旅游”方面，德清正大胆尝试。近来，德清启动了旅游大数据中心平台和旅游监测中心，实时监测游客分布、旅游集聚区安全情况；通过德清旅游微信“YOU 游德清”，及时发布德清旅游新信息，包括吃住行游购娱等方方面面。

为何总是德清？从两个数据中或许可以一窥其奥秘。2019 年 4 月，德清从全国 2 300 多个县（市、区）中脱颖而出，以总分排名第一的成绩，荣获“全国县域数字农业农村发展水平评价先进县”；2019 年公布的浙江省农业现代化发展水平综合评价报告中，德清以

93.42 分的综合得分夺得全省第一，这是德清“五连冠”，且得分连年升高。

现在，德清正继续深入践行“两山”理念，在处理好环境保护与经济发展的关系的同时，真正把德清美丽乡村建设的“美丽成果”转化为“美丽经济”。

四、有风景的地方兴起新经济

尽管德清“质感”十足的“美丽经济”近年来非常“抢镜”，但是不容忽视其背后强劲的经济实力。事实上，德清是我国中小城市综合百强县、工业百强县、综合实力百强县以及科技创新百强县市。现在，其正重点发展高端装备制造、生物医药、绿色家居三大主导产业，地理信息、通航智造、人工智能三大战略性新兴产业，全力做好产业的衔接配套和产业链条的拓展延伸，提升产业核心竞争力。

数据显示，2019 年，德清三大主导产业实现规模以上工业产值 641 亿元，占全县规模以上工业总产值的 71%；实现利润 56.8 亿元，占全县规模以上工业利润的 81%。此外，地理信息和通用航空两大产业均被认定为省高技术产业基地，2019 年，高新技术产业增加值达102.93 亿元，占全县规上工业增加值比重达 60.2%。

作为德清工业经济第一大支柱产业，全县共有装备制造业规模以上工业企业 245 家，销售收入超 5 亿元的企业 8 家，其中超 10 亿元的 5 家，2019 年完成工业产值、税利分别为 289 亿元、32 亿元，在全县规模工业占比分别为 32%、34%。德清在数控设备制造、工程机械制造等特色优势产业基础上，进一步瞄准新兴产业装备制造和智能制造领域，着力构建装备制造业与新一代信息技术产业、现代服务业联动发展的高端装备制造生态圈。

近年来，德清绿色家居产业创新载体建设正不断加强，创新技术和创新产品不断涌现。当前，德清正积极向时尚家居、文化休闲用品、家装服务、智能家居等领域拓展，推动产业向品牌化、高端化、集成化、电商化、绿色化方向发展。

此外，在生物医药产业方面，德清正着力做大做强特色原料及新型制剂、生物化妆品及保健食品、现代中药、绿色农用生物制品等优势领域，培育壮大生物制药、医疗器械、生物服务业等新兴领域，打造浙北最具影响力的生物医药产业集群。

值得一提的是，2018 年 11 月，联合国世界地理信息大会在德清地理信息小镇成功召开，而这正是德清近年来地理信息产业迅速发展的缩影。以地理信息产业为核心的德清地理信息小镇，总规划面积 3.68 平方公里，已聚集起 300 余家地理信息企业以及中科院遥感所卫星应用研究院、浙江大学遥感与 GIS 创新中心等科技创新载体，打造了一条集成着地理信息获取、处理、应用、服务的完整产业生态链。2019 年，地理信息小镇营业收入、税收分别达到 201 亿元、16 亿元，实现连续六年翻番增长。现在，地理信息小镇正积极申办第二届联合国世界地理信息大会，全力打造国际地理信息领域的时空数据中心、产业发展中心、科技创新中心、国际交流中心、培训体验中心。

2019 年 4 月，德清地理信息产业，迎来大跨越！在荷兰阿姆斯特丹落幕的“2019 世界地理空间论坛”上，中国德清被授予“地理空间世界卓越奖”。不久后的 4 月 28 日，联合国全球地理信息知识和创新中心落户德清签订意向备忘录，进一步推动德清地理信息产业在更广阔更专业的平台上做大做强，极大提升德清县域发展国际化、高新化水平，为打造数字经济新高地注入强劲动力。

德清经济发展新亮点除了地理信息产业外，还有通航智造产业。在德清，有浙江省唯一的通用航空产业高技术产业基地——德清通航产业园，正以通用航空、高端装备制造两大产业为导向，围绕打造长三角通航高端装备智造基地、华东地区通航精益运营基地、浙江通航体验中心、区域性通航科技创新中心的“两基地两中心”发展定位，着力构建涵盖各领域的通航智造全产业链，大力推动产业聚集。此外，德清还依托德清莫干山机场，三年内，引进亿元以上项目 52 个、总投资近 400 亿，其中，百亿级项目 1 个、50 亿级项目 2 个，先后引育世界五百强企业 1 家、上市企业 2 家，小镇规上工业产值年均增长 128%；税收年均增长 100%。

目前，德清正积极推进全国县域唯一的国家新一代人工智能创新发展试验区建设，人工智能正与各产业领域，实现融合发展。德清已引进一批人工智能领域跨界融合的产业项目和科研院所，并成为全国首个拥有阿里云 ET 城市大脑的县域。全省唯一的智能网联测试场全面启用，全省唯一的全域数字治理试验区正加快推进。而由高端装备制造、生物医药、绿色家居三大主导产业，以及地理信息、通用航空等战略性新兴产业形成的雄厚产业基础，无疑正为另一战略性新兴产业——人工智能产业提供广阔的应用场景，以引领实体经济向价值链高端迈进。当前，德清正集中优势资源加快建设省市万亩大平台——智能生态城，先行启动 5 平方公里先导区建设。此外，德清还大力实施智能工业“十百千”工程，力争五年内打造 10 个智能工厂、100 个智能车间，完成以智能化技术改造为重点的投资 1 000 亿元以上。

本文原文发表于 2019 年 6 月 21 日《解放日报》。本书收录时略有修改。

关于海宁市实现高质量发展的建议

文 / 何万篷

导读：海宁市作为长三角经济强县之一，地理位置优越，交通运输便利，历年来在经济社会发展领域成绩突出。截至 2019 年，海宁市 GDP 总量突破千亿元大关，达到 1 026.57 亿元，同比增长 7%。在新时代的关键时期，如何实现海宁市经济社会的高质量、可持续发展，成为需要重点关注的问题。

从现状来看，海宁自身具备诸多优势，但这些优势在周边县市区中存在高度同构现象，并非是压倒性、不可替代的。比如“海宁潮”，通过“海宁潮”，我们到底集聚了哪些资源，它又给我们带来了哪些负担；皮革、经编、家纺三大产业曾经是海宁的经济支柱，现在海宁要形成新型的、新兴的、高附加值的、高成长的现代化产业体系，又要如何看待这些传统产业；海宁人历来对铁路有着深厚的感情，但快速轨道交通对近途站点城市的综合影响相当复杂，如上海地铁线延伸至昆山花桥，带给昆山的是大量“福利型人口”，而非期待中的双创型人才。

要实现高质量发展，培育现代化、未来型产业新动能，归根结底就是要集聚现代化产业要素，在整个生产分工和价值网络中找到自己的位置。一是连接，通过畅达便捷的交通与周边形成一体化，让距离不再是问题。二是链接，链接到全球经济大循环，这是海宁的短板，海宁参与国际化程度不够、能级不够、体量也不够。十九大提出面向全球打造四大网络：贸易、生产、投融资、服务。其中，贸易是附加值最高的制高点，掌握着产品的定价权，海宁需要抓住沪杭众多国际展会举办的机会。三是抓住市场规律，作为政府，符合市场规律的要多去推动，不符合市场规律的少去推动。依赖政策扶持补贴的，如光伏产业等容易出现产能过剩，一旦政策不再扶持就难以存活，应该慎重引入，有企业自主投入的产业才是有价值、有前景的。同时，在优势产业中研究军民融合，比如海宁有家纺、经编业的基础，能否鼓励企业发展碳纤维制造航空服装、军用防弹衣等，通过品质制造把现有的产业强化。四是新技术赋能，我们可以通过未来产业计划、央企伙伴计划，从军民融合、科研院校中发掘新技术，培育具有可能性、可行性、可批性、可操作性、不可复制性的产业，比如浙大国际联合学院的生物医药专业能不能够延伸接入产业链。五是组织化增值，通过一些非官方的组织，如名校校友会、联谊会等平台，以市场化手段来集聚要素，帮助市场主体增值。如近日嘉善罗星街道办事处与同济校友基金签订水乡归谷项目就是有益的尝试。

目前世界范围内有几种科创产业集聚模式可供参考：一是硅谷模式，以大学或科研机构为中心，科研成果迅速转化为生产力或商品，形成高技术综合体；二是硅巷模式，是指聚集在从曼哈顿下城区到特里贝卡区等地的移动信息技术企业群所组成的虚拟园区，它在地理上没有固定的边界；三是波兹曼模式，以丰富的自然资源发展创新经济，以自然人的旅游观光活动转化成法人的创新创业活动，成为美国西部落后山区成功转型的典范；四是奥斯汀模式，奥斯汀是美国南部的城市，由每年举行的公共节会活动驱动，把高端的产业要素导入，是新技术发布的首选地。

吸引要素集聚还有一个非常重要的条件就是营商环境，区域竞争到最后就是在比拼营商环境。营商环境有三个特点：绝对便利，相对便宜，全面安全。新加坡作为全世界最规范的地方，中国香港是全世界最自由的地方，现今两地的发展表明，规范比自由更重要。我们政府部门要做的就是建立全面安全的规范，便利包容的规划和刚性执行的计划。如果海宁能给人留下营商环境最佳的印象，企业存活率和成长率足够过硬，那各类优质资源都会集聚过来并产生强烈的化学反应。企业对政府的号召，要精准感知，柔性响应。

在未来社会里，人们对高品质生活的要求也会更高，向国际化的产业迈出步伐就要向国际化的生活品质靠近，以高品质生活来引领高品质制造。举个例子，全球第 15 所世界联合学院 2015 年在江苏常熟正式开学，很多上海的外企高管为了让子女在这所世界级名校就读，把企业都搬到了常熟。海宁目前有了浙大国际联合学院，但市内中小学校的教育质量有待于进一步提高，医疗水平、人居环境、商业配套、休闲旅游等方面与国际化城市相比仍有较大提升空间。

本文系 2018 年 7 月 20 日作者关于海宁市高质量发展的建言。

“小县大外资”的嘉善路径

文 / 徐竞彦

导读：浙江省嘉兴市嘉善县作为全国唯一的县域科学发展示范点，始终致力发展外向型经济，突出对外招商引资、交流合作，连续 18 年跻身浙江省利用外资十强县（市），有着“小县大外资”的美誉。2019 年 2 月，浙江大学国际事务与全球治理专业在读硕士研究生徐竞彦，从自身所见所闻出发，写下了对嘉善高质量吸引外资路径的观察，以及探索利用外资新路径的思考。

利用外资是我国对外开放基本国策和构建开放型经济新体制的重要内容，即使在近年我国实际利用外资规模增速低于 GDP 和固定资产投资增速的背景下，外商投资在我国供给侧结构性改革推进、经济发展方式转变、开放型经济升级发展等方面仍具有重要意义。作为全国唯一的县域科学发展示范点，全国综合实力百强县之一的嘉善县，在开放型经济建设方面一直走在全国前列，打造出了“小县大外资”的特色平台。通过观察嘉善近年利用外资的情况，能够从中一窥当前我国县域外向型经济发展的缩影。

嘉善县位于浙江省嘉兴市东北部，地处长三角城市群核心区域。嘉善县现有世界 500 强企业 11 家，国家级产业平台 2 个，省级经济开发区 1 个以及中新嘉善现代产业园、浙江中荷（嘉善）产业合作园两个特色产业园区。2018 年，嘉善地区生产总值 582.6 亿元，全县合同利用外 11.7 亿美元，实际利用外资 4.5 亿美元，外贸进出口总额 290 亿元，连续 17 年跻身浙江省利用外资十强。2018 年 12 月，总投资 16 亿欧元的荷兰绿色智能新能源项目落户嘉善，成为浙江省近年来最大的外商投资项目，标志着嘉善县高质量外资发展新格局已经初步形成。

为什么相较于周边县市区，嘉善这个区域面积小、水网密布的江南小城能够在利用外资工作上脱颖而出，实现“小县城的国际化”呢？

主要原因是这个普通小城不普通的营商环境。更具体来说，是其“上海性能”和“浙江速度”的双重体现。其一，嘉善的国际化，离不开与在建卓越的全球城市——上海的对接。作为浙江接轨上海的“桥头堡”，嘉善的发展极大程度上得益于上海“五个中心”和自贸试验区建设等重大战略部署带来的机遇。目前，嘉善超过90%的外资项目都直接或间接经上海引入，实施产业对接，积极推动同城服务和国际化配套已经成为嘉善“接轨上海”的工作核心。其二，外资项目的顺利落地得益于浙江省“最多跑一次”行政改革体系。嘉善在全省率先启用50天高效审批模式，成为浙江省审批事项最少、办事效率最优的地区之一。2018年，嘉善建设了包括项目信息共享、项目准入评估、项目全生命周期跟踪等功能的“全县双招双引O2O工作平台”系统，在推进罗星街道超亿美元项目落地过程中起到了关键作用。

嘉善在高质量利用外资进程中的成果固然可喜，但这种模式能否保持可持续发展的势头，我们还不得而知。从笔者的观察来看，当前嘉善对外资的利用还存在以下问题：股东外债占比过大，总部经济不发达；对外投资发展滞后，不能为本地企业提供海外市场、技术、资本和信息支持；投资平台散乱，能级不高，尚未实现高质量的产业集聚，一些创新创业项目空置，造成了资源浪费；配套公共服务功能不完善，不能为引入高端人才提供舒适便捷的生活服务。随着长三角各县市区加快融入上海同城化都市圈战略的先后实施，嘉善县作为上海“后花园”、浙江省“接轨上海第一站”的先发优势受到挑战，如何在各地“争相接沪”的局势下保持本地的核心竞争力，与上海建成源源不断的资源输送和交流合作渠道已成为当下重点需要解决的发展问题。

笔者认为，仍要坚持立足嘉善县以县域经济接轨上海的特点，探索高端外资利用的新路径：一是要继续由浅入深完善嘉善的接沪模式。其中最基础是基建接轨，例如与上海市实现轻轨联通、区号共享，为入驻企业提供与上海同城的生产办公设施。再进一步是政策接轨，打破善沪行政区域的壁垒，从而为外资入驻提供有吸引力的制度便利和政策优惠。此外，还要搭建更加完善的公共服务体系。为海内外人才在嘉善居住、工作、生活等方面提供一站式标准化、精细化、个性化服务，能引来人才更要留住人才。二是要抓住嘉善县作为全国唯一的县域科学发展示范点这一定位，探索县域综合配套改革的新方案。依托嘉善优质的旅游资源和文化产业基础，积极培育服务外包、文化服务、教育服务、创意设计等外资利用新领域。三是在接轨上海的同时开展“接杭”工作，对接中国（杭州）跨境电子商务综合试验区和阿里巴巴，推动本地跨境电子商务平台发展，特别是鼓励与“一带一路”国家的跨境电子商务合作，提升高质量外资的引入能力和利用效率。

当下长三角区域更高质量一体化发展正在全面推进，覆盖嘉善的 G60 科创走廊进一步推动了区域协同创新框架的形成，这对于正在谋求利用外资从更多依靠成本优势向更多依靠综合环境优势转变的嘉善县而言是很大的政策利好。相信嘉善在加快接轨上海，着力破解县域经济优化利用外资面临的共性难题的过程中，能够为长三角地区县域产业的转型升级提供示范，为“浙江的今天”“中国的明天”贡献更多“嘉善力量”。

感知南京：凌厉崛起中的未来之城

文 / 宋杰封

导读：作为江苏省省会，南京的发展无疑是尴尬的。经济总量比不过苏州，甚至很长一段时间内落后于无锡。拥有丰富的高校、科研资源，但创新创业不及深圳、杭州、成都等城市。坐拥华东第三大国际机场和国内最大的内河港口，但枢纽地位不突出。国家中心城市的“定位”迟迟未得到获批，宁镇扬一体化年年提，但镇江、扬州似乎并不“买账”。

南京，古称金陵城。曾经的六朝古都，拥有深厚的文化底蕴和饱受战火创伤的厚重历史。

对南京最初的印象除了盐水鸭、鸭血粉丝汤、小龙虾饭，就是江苏卫视的《非诚勿扰》，欣赏孟非老师的谦逊、幽默与智慧（这大概是南京人特质的集中体现），孟非老师似乎已成了南京的形象代言人，以至于高铁站内都是其代言的广告。

南京城南，此前从未去过。高铁南站一路向南，这里有教育部直属东南大学、河海大学，工信部直属南京航空航天大学等众多名校；有国家级经济技术开发区——江宁开发区；有风光秀丽的银杏湖生态旅游度假区。直观的感觉，这里是年轻人的聚集地。即使在假期里，依然能感受到年轻人的热情。跟车的司机大哥特别指出：这里是 IT 精英们的汇聚地！抬头望去，路边“南京未来网络小镇”“南京未来科技城”“AWS 联合创新中心”等巨大招牌引人注目。再往南，甲骨文、大唐科技、电科院等一批知名企业研发大楼林立。我的感受是，地块尺度略显大了一点、路幅略显宽了一些，公共服务配套少了一些。思考着，这座城未来的方向应该是向南的！记得前几年参与常州 2030 战略规划时曾发现，南京经常州、无锡到湖州的流量（人流、物流）正在显著提升。而南京城南（江宁开发区）正好是南京向南的门户和起始之地。

除了江宁开发区，目前最炙手可热的应该是江北新区了，它是全国第13个、江苏省首个国家级新区。江苏自贸试验区南京片区就坐落在这里。幽默风趣的司机大哥（南京本地人）告诉我，“江北基础薄弱，缺少资源和人气，尤其是高校资源，通过行政手段把年轻人导入江北非常困难”。当然，这几年，江北新区发展还是比较迅速，资源正在集聚，仅高校就有12所。数据显示，2018年江北新区GDP达2 528亿元，约占南京全市的1/5；人口达130万，约占南京全市的1/6。

一个发展在南边，一个根植于北边，南京的城市格局因此而打开。

对于南京的城市定位，原本没什么概念。不过，主干道上“建设‘强富美高’新南京”的横幅标语格外醒目，简洁、易懂、易记又亲民，具有极高的识别度。我理解：强，经济强、综合实力强；富，人民富、地方财政富；美，生态美、生活美；高，高水平、高质量。这显然比南京市“十三五”规划提出的建设“一带一路”节点城市、长江经济带门户城市、长三角区域中心城市和国家创新型城市的发展定位要更容易传播。不过，真要建成“强富美高”的新南京，仍然是任重道远的。省内苏州发展渐入佳境，基本摆脱了前几年外资撤退的窘境，走上了高质量发展的轨道；长三角其他城市，上海、杭州依然领先，合肥正加速崛起，已成为G60科创走廊的重要一环。相比之下，南京似乎缺少参与长三角一体化的抓手，缺少吸引全球要素资源集聚的“入口级”平台。

短短几天，也许尚未能真正理解南京的城市内涵，也没能在秦淮河边细细品味这座城市的美。但这座千年古都正重新焕发活力的事实毋庸置疑，这里将有希望成为创新要素汇聚、迸发的未来之城。

本文系2019年10月作者南京旅行调研随笔。

“95后”留学生看沪甬制造业

文 / 叶树声

导读：宁波是中国民族工业的发源地之一，在中国近代史上创造了第一家日用化工厂、第一家机器染织企业等许多个中国第一。改革开放之后，宁波凭借港口之便、开放之利，一跃成为长三角南翼经济中心和国家先进制造业基地。目前宁波拥有新材料、汽车制造、家用电器等8大千亿元级产业。2018年7月，宁波籍赴美留学生叶树声，从“95后”的视角，写下了对上海、宁波两地制造业的观察和感悟。

制造业直接体现了一个国家的生产力水平，是区别发展中国家和发达国家的重要指标。当前中美贸易摩擦愈演愈烈，站在长三角一体化的视角下看，上海和宁波都是国内制造业行业的老牌城市和领先者，但两者的制造业结构却存在着显著的差异。

一、宁波

宁波地处浙江东部沿海，是长三角南翼经济中心、全国重要的制造业基地。改革开放以来，宁波始终将制造业作为经济发展的支柱，已经形成门类齐全的制造业体系。宁波在制造业方面的优势明显，主要以电气机械、器材制造、通用设备制造和纺织业为主。在政策方面，宁波市政府积极响应国家政策，大力扶持制造业产业，并计划在3年内投入超过100亿元人民币来为制造业企业保驾护航。

宁波的制造业享誉全国且从来不缺拼搏精神。比如，奥克斯集团，从仅有7人的小小仪表厂稳步向前，不断创新，发展为如今宁波市规模最大，全国空调销售量排名前三的制造业公司，并涉及电能表、变压器、小家电等多个业务领域。又如，公牛集团，生产生活中随处可见的电源插座板，但市场占有率却达到了惊人的50%，并且逐渐进军欧美市场，获得了不俗的成绩，成为名副其实的“插座大王”。

宁波制造业也存在着明显的短板。产业层次比较低，高附加值、高技术含量产品少，企业整体技术创新能力较弱。这些问题一直是宁波制造业的“痛点”。在如今世界越来越注重科技的大背景下，宁波的制造业仍需要在保持“拼搏”精神的同时发扬“创新”精神，其所涉及的新一代信息技术、航天航空装备、节能与新能源汽车、新材料等10类产业中，没有一项是宁波的强项。

另外，作为长三角南翼经济中心和副省级城市，宁波对人才的吸引力并不能与其地位相匹配。宁波的物价、房价以及其他的生活成本一直是困扰外来人才的首要因素。由于宁波的大部分企业科技含量不高、本身利润薄、抗风险能力相对较弱，所以很多企业不得不靠降低员工的收入来提高利润。这一行为无异于杀鸡取卵。

宁波如果想要在制造业方面更进一步，必须加快企业转型创新的步伐，改善员工的福利以及待遇。唯有这样，宁波才可以在当今“不进则退，慢进亦是退”的历史潮流中，提升自己的核心竞争力，保持经济的稳步增长。

二、上海

上海作为中国当之无愧的经济中心，制造业一直都在全国领先并且曾经一度是中国制造业的中心。作为中国近代重要的民族工业发祥地、民族品牌发源地和集聚地，上海曾诞生了很多令国人自豪的民族品牌，如：蝴蝶牌缝纫机、上海牌手表、凤凰牌自行车等。改革开放以后，虽然伴随珠三角以及长三角其他城市制造业的发展，上海不再“一家独大”，但在制造业中仍然独领风骚，有着举足轻重的地位。

上海与宁波及其他城市的制造业不同。像宁波、东莞这两个制造业核心城市，它们的制造业主要是以中低附加值为主。换句话说，宁波和东莞的制造业科技程度相对不高。而上海的制造业则以汽车制造、石油提炼、生物制药、造船业等高端制造业为主。

在这些城市的制造业占比快速上升时，上海正处在从制造中心向服务中心的转型后期。从上海企业100强数据来看，2016年，百强企业中的33家制造业企业净利润增长率26.23%，利税总额增长率9.64%，制造业拉动百强企业经济效益增长作用明显。制造业在上海经济中依然占据重要位置并在上海GDP总量中达到了25%。

但从趋势上看，在全球产业升级和国内经济转型以及人口红利基本结束、人力成本居高不下、投资周期正逢低谷等多重压力下，制造业下降幅度可能更快。与此同时，大量的社会资金流向股市、债市、房地产，造成制造业占国民经济的比重持续下降。

从制造业转型角度来看，先进制造业是上海转型发展的重要突破口。上海的发展离不开高水平、高创新的制造业。以上海汽车集团股份有限公司以及上海复星高科技（集团）有限公司为例。上海汽车集团股份有限公司是国内A股市场最大的汽车上市公司。2017年，上海汽车集团股份有限公司整车销量达到693万辆，主要业务包括整车的研发、生产和销售，正积极推进新能源汽车，企业正在从传统的制造型企业，向为消费者提供全方位汽车产品和出行服务的综合供应商发展。上海复星高科技（集团）有限公司则是以医药领域为主：在基因生物方面，拥有全国规模最大的基因工程药物生产企业，诊断试剂产品市场占有率连续多年居全国首位；在西药方面，皮质激素原料药生产全球最大，药用氨基酸生产名列全国前茅，阿托莫兰冻干剂单品销售全国第一；在中药方面，是全国硬膏剂生产最大企业之一。

只有大力扶持像上海汽车集团股份有限公司以及上海复星高科技（集团）有限公司这样的创新型制造业企业，上海的制造业才能完成“十三五”末制造业增加值占GDP比重保持在25%左右的目标，从而重新塑造“上海制造”的内涵、打响“上海制造”的品牌。

三、思考

宁波作为世界第四大港口城市，却没有相应规模的制造业企业。

反观上海，充分发挥了自己作为港口城市的优势，培养了一系列相关产业的“领头羊”。上海振华重工（集团）股份有限公司作为重型装备制造行业的知名企业，生产的相关装备占全球市场份额的80%，并且在世界港口机械重型装备中占有垄断地位。这些都是宁波所没有的。

作为互补，振华重工等宁波所缺乏的高端制造业企业可以“老树发新芽”，在宁波设立分公司来扩大“上海制造”的影响力，同时扩大宁波制造业的跨度，促进宁波港口、城市以及本土人才的发展，从而进一步服务于长三角制造业集群发展。

宁波还拥有着一个其他城市所没有的优势。由于历史原因，许多上海本土人士与宁波有着或多或少的亲缘关系。宁波可以抓住这个得天独厚的优势，不断向上海学习制造业方面的经验，并且吸引“沪上宁波人”在宁波进行投资，从而带动周边城市制造业的发展。

只有城市之间相互补充、协同创新，才可以实现党的十九大报告中提出的“加快建设制造强国，加快发展先进制造业……瞄准国际标准提高水平，促进我国产业迈向全球价值链中高端，培育若干世界级先进制造业集群”的目标。相信在未来，随着中华民族的伟大复兴，国民经济实力以及科技水平的提高，上海、宁波乃至全国的制造业一定会稳步前行，走到世界前列！

一通让人振奋的电话

文 / 何万篷

导读：2020 年 2 月，新冠肺炎疫情防控进入新阶段，复工复产成为社会关注的重要话题。2 月 22 日，作者与宁波保税区管委会严荣杰主任，交流了疫情背景下“救急”和“谋远”的思考与实践。

周末意外地接到宁波保税区管委会严主任的电话。我还以为他要诉苦。没想到电话那头的声音，淡定、坚定。严主任告诉我，到昨天（2020 年 2 月 21 日）为止，保税区人员零感染，企业的复工率达 91.89%（规模以上工业企业的复工率达 100%），复工电力指数 86.99%。

我问，你是怎么做到的啊？老严说，“夫战，勇气也”，自大年初三以来，一天都没休息，全身心扑上去，动手早，下手狠。我请他讲得具体点。他说其实就两条，既要防控“传染病”，又部署“先手棋”，必须“两手都要硬，两战都要赢”。

老严特别提到，要感谢所有参战的同事。因为，战“疫”的责任主体在人，保税区党工委“战略上重视、战术上更加重视”，引领党员干部鼓起责任担当之勇，发挥科学防治之智，强化统筹兼顾之谋，提升组织实施之能。我说这些内容听着是给力的，但具体工作见真章，到底干了什么，怎么干的？他说就是“四不”——不留死角、不留盲区、不放过任何线索、不发生任何遗漏，构筑起防控疫情的铜墙铁壁和稳定生产的扎实根基。

可能是搞研究的人都有“职业病”，我说：“严主任，咱不说职能部门都干了啥，聊聊企业的反应和反映呗。”这下打开了他的话匣子。

他说，遵照“一级响应”要求，党工委构建数字化、网格化、闭环式的工作格局，重在推动企业早准备早行动，同心抗“疫”。1 月 27 日（大年初三），专门成立物资组，充分发挥保税区的功能优势，开启“全球买”模式，供一线、稳企业、保大局。他如数家珍：截至 2 月 20 日，已累计供应口罩 371.1 万个、医用防护服 54.8 万件，红外线测温仪 1.3 万支，消毒液 3.3 万瓶……就一个念想——供应省市、支援湖北、服务全国。

严主任举了很多生动案例，有跨境电商企业董事长亲赴海外揽货的，有进口企业专门包机紧急运送物资回国的，有发动员工“人肉”带货的……人的精气神一旦被调动，潜力是无限的。

我主动和他交流了“救急”和“谋远”要结合的想法。现在，疫情防控进入新阶段。我更关心的，是生产经营活动不能断，不能乱。

他说，我们的企业“守好门、管好人”“真隔离、硬隔离”“真管控、硬管控”。我打趣说，这么不近人情啊。他说：不是啊，我们的服务队伍“春节不打烊”。为保证连续性生产企业的生产秩序，党员干部组成了 16 个专班，“一个企业一组对策”，搞分类服务、帮扶指导。如针对全球液晶行业龙头企业，服务专班走进企业，走近人心，做了大量工作。还设立了巡回帮扶工作组，随叫随到。

老严还提出“惠企政策”要“效果不打折”。我说现在各地政策雷同，“你我他”都差不多啊。他说完全做到“人无我有”是很难的，关键是谁出招早，出招实，谁的招数真正做到“应用导向”，只有这样实现产能不淤堵、订单不流失、份额不下降……服务的效率效能，关乎企业的竞争力，关乎区域的能级和势头……

通话时间，是长了点，但是收获了信心，收获了向上向前向未来的力量。

第四章

感知中国

把规制优势转化为整体性治理效能

文 / 何万篷

导读： 党的十九届四中全会审议通过了《中共中央关于坚持和完善中国特色社会主义制度 推进国家治理体系和治理能力现代化若干重大问题的决定》（以下简称《决定》）。《决定》全面回答了在我国国家制度和国家治理体系上应该坚持和巩固什么、完善和发展什么这个重大政治问题，是一篇马克思主义的纲领性文献，也是一篇马克思主义的政治宣言书。

自然科学研究“力”，社会科学研究“权力”以及衍生的“权利”。对“权力”和“权利”，进行结构性、集成式、创新化规制，并使其付诸实践、行之有效的能力，就是治理能力。治理能力可延展、可深化、可持续，不可逆，进一步形成治理体系。治理体系不断成熟、定型、完善、巩固，就能把规制优势转化为整体性的治理效能，焕发出系统性竞争力。这个系统性竞争力，至少包括政治规矩、经济规律、市场规则、技术规范等四个方面的 KDF。

作为一个矢志不渝肩负民族复兴重任、胸怀天下善于规划世纪的政党，中国共产党的执政权威，初始于新民主主义革命（让中国站起来），强盛于政治稳定和经济崛起（让中国富起来），厚植于治理能力和治理体系的现代化（让中国强起来）。

“时代是出卷人，我们是答卷人，人民是阅卷人。”为人民服务，受人民监督，对人民负责，是生动的，具象的，与时俱进的。我们的制度和治理体系，必须以马克思主义为指导，植根中国大地，具有深厚文化根基，深得人民拥护。而不是机械的、抽象的、刻舟求剑的。

它有三个层次，分别是根本制度、基本制度和重要制度。根本制度是制度之纲，包括社会主义制度（总制度）、中国共产党的领导制度（根本领导制度）、马克思主义的指导思想制度（根本思想制度）、人民代表大会制度（根本政治制度）。基本制度分为基本政治制度、基本经济制度和基本法律制度。基本政治制度，包括中国共产党领导的多党合作和政治协商制度、民族区域自治制度和基层群众自治制度。基本经济制度，包括公有制为主体、多种所有制经济共同发展，按劳分配为主体、多种分配方式并存，社会主义市场经济体制。基本法律制度是指中国特色社会主义法律体系。《决定》明确了今后我国推进国家治理体系和治理能力现代化的 13 个方面，涉及 55 个具体制度。这 13 个方面的 55 个具体制度，除了以上的根本制度和基本制度外，其余的都是重要制度，涉及党的领导、政治、法治、行政、经济、文化、民生、社会、生态、军队、国家统一、外交、监督等各领域。

通过固根基、扬优势、补短板、强弱项，我们将构建系统完备、科学规范、运行有效的制度体系，加强系统治理、依法治理、综合治理、源头治理。这是制度优势的依据，也是实现中国梦的保证。

我们的治理能力和治理体系，它是“管总”的，统揽伟大斗争、伟大工程、伟大事业、伟大梦想。它有两个扇面，一个对内，引领人民追求美好生活；一个对外，参与国际合作竞争。尤其是对外扇面的国际合作竞争，相当紧迫，关乎我们能否在百年未有之大变局中抓住机遇、抵御挑战。当下的全球生产分工体系和价值分配网络具有一个鲜明的特点：美国尖峰、西方中心。美国的硬实力，来自美军和美元。美国的软实力，来自芯片、影片和土豆片。而它们有着共同的支撑——美国的国家治理能力和治理体系现代化。它是基于规则的（美国的联邦规则汇编已经多达18.5 万页），基于商业金融的，基于排他性的，强调“天佑美国”，强调“美国第一”，强调“美国例外”。

百年未有之大变局，我们要准确识变、科学应变、主动求变。必须认识到，不管我们愿意不愿意，准备好了没有，围绕治理的制度竞争、体系竞争、效能竞争，早就开始了，正在往纵深发展。

所以，我们要在深改革新开放再出发中，保持制度和治理体系的稳定性和延续性，聚焦国家治理“急需”和人民美好生活“必备”的领域，推动我们的制度不断完善和发展，永葆生机活力，赢得比较优势。“破”“立”并举，从善“制”到善“治”，关键还在执行。我们必须果敢地解决很多困难，包括但不限于：“塔西陀陷阱”“合成谬误”“幸存者偏差”“路灯下的醉汉”“闹钟现象”和“手电筒现象”等。

在充满不确定性的外部环境中，最稳定的是中国路径。中国国家治理能力和治理体系现代化，将极大增强我们的信心，显著提振外部的预期。这是“中国强起来”的必由之路。作为研究人员，我们要不驰于空想，不骛于虚声，不忘初心，牢记使命，积极参与提升治理能力，传承迭代治理体系，眺望目力所及以外的远方，迈着坚定的步伐，走向 2035、2050。

本文系 2019 年 12 月作者关于党的十九届四中全会精神的学习体会。

打造黄河流域生态保护和高质量发展的乌海样本

文 / 乌海-前滩综研联合课题组

导读： 为深入贯彻落实习近平总书记在黄河流域生态保护和高质量发展座谈会上的重要讲话精神，全面落实内蒙古自治区党委部署要求，全力以赴抓好黄河流域乌海段生态保护和高质量发展，由乌海市委政研室和前滩综研组成的联合课题组，通过实地走访、召开座谈会等形式，全面了解黄河流域乌海段生态保护和高质量发展有关情况，研究提出了下一步思路对策。

乌海市依黄河而建，是母亲河孕育而生的新兴工业城市。黄河流经市区 100 余公里，是乌海市重要的生态廊道，也是推动高质量发展的生命线。近年来，乌海市委、市政府坚持把保护黄河作为事关地区永续发展的千秋大计，深入贯彻新发展理念，坚持以水而定、量水而行，不断加大黄河流域生态保护力度，积极探索经济高质量发展新路径，实现了地区生态环境保护和经济发展的协同并进。

一、黄河流域乌海段生态保护和高质量发展的实践探索

（一）黄河安全形势持续向好

黄河乌海段长 105 公里，占干流全长的 2%、内蒙古段的 12%，平均河宽 250～500 米，水深 2.5～11.6 米，年平均流量 1 018 立方米/秒，最大洪峰流量 5 820 立方米/秒。近年来，乌海市全面落实河长制，加强防洪减灾体系建设，强力推进黄河水生态保护，持续开展水质治理，有效保障了群众生产生活安全稳定。

一是抓好灾害防控。充分发挥黄河海勃湾水利枢纽工程的调控作用，科学精准开展凌汛调度，确保了封开河不发生大的险情。推

动黄河乌海段防洪工程建设，建成防洪工程 24.8 公里，行洪、防洪能力不断增强。抓好库区排沙冲淤，累计完成清淤面积 8.5 万平方米，清淤深度 1.5 米，清淤泥沙 12.75 万立方米。

二是加强流域管理。编制完成乌海市 29 条河流“一河一策”实施方案，辖区内所有河流均设立市、区、镇（街道）、村（社区）四级河长。成立乌海市河湖综合整治工作小组，制定河湖执法工作方案，持续开展河湖“清四乱”专项行动，有效打击了破坏河湖生态环境、影响河湖安全运行的违法行为。

三是做好水质监测。完善监测体系，提升监测能力，强化日常监管。截至目前，黄河干流乌海段共设 4 个监测断面（拉僧庙断面、乌海湖断面、下海勃湾断面、三盛公断面），从 2016 年至今，乌海市出境断面水质类别均为Ⅱ类。

（二）流域生态修复成效显著

乌海市委、市政府牢牢坚守生态底线，不断加大流域生态环境保护建设力度，统筹推进流域生态综合治理、系统治理、源头治理，生态环境得到持续改善。

一是稳步推进生态建设。党的十八大以来，乌海市先后实施海勃湾至海南城际快速通道绿化、甘德尔山沙坡花草带绿化、黄河库区大坝绿化等多项重点生态工程，形成了乌海湖西岸 3 000 亩防护林带、东岸 3 万亩环湖生态系统。适度有序开展建成区园林绿化，城市总体绿量不断增加，建成区绿化覆盖率达 43%，人均公园绿地面积达 19.5 平方米，乌海市跻身全国绿化模范城市、国家园林城市。

二是加强入黄污染源管理。持续抓好入河排污口专项整治行动，按月开展水质监测及数据上报。加大对 25 家涉水重点排污企业的监管力度，除长期停产和废水不外排的企业外，全部安装了污染源自动监控设施，并不定期开展排污口巡查。

三是打好污染防治攻坚战。组织实施 100 个矿山环境综合治理项目，制定内蒙古自治区首个矿区环境治理地方标准，建成自治区级绿色矿山 7 个。开展矿区环境综合治理、机动车污染治理、“散乱污”企业治理、工业企业治理、面源污染治理五个专项治理行动，完成电力企业超低排放改造，20 蒸吨及以下燃煤锅炉全部淘汰，建筑工地达到绿色施工标准。积极推进区域大气污染联防联控联治，与阿拉善盟、鄂尔多斯市开展交叉执法检查，大气环境质量得到有效改善。

（三）转型发展探索逐步破题

深入贯彻习近平总书记“四个着力”“五个结合”“三个扎实”等重要要求，及早见势、超前谋划，把推进壮年转型作为经济高质量发展的根本路径，加快构建绿色发展方式。

一是明晰高质量发展工作思路。在全面贯彻落实党的十九大、新发展理念和内蒙古自治区党委部署要求的基础上，结合经济发展阶段性特征和多年来转型发展的实践探索，研究提出打造转型发展示范区的目标，配套制定三年行动方案和指标体系，并确定了“科技提升转”“嫁接改造转”“增量注入转”“结构调优转”“重组做强转”的工作思路，进一步厘清了推动产业转型、加快经济高质量发展的目标、路径和措施。

二是夯实高质量发展产业基础。积极改造提升传统产业，加快建设国家重要的煤焦化工、氯碱化工生产加工基地，形成煤焦、氯碱、电石化工及煤焦氯碱化工耦合等 4 大循环产业链，主导产业区域竞争力不断增强。培育壮大战略性新兴产业，引进实施一批新材料产业项目；积极打造氢经济示范城市。大力发展现代服务业，着力发展全域旅游、四季旅游，乌海湖景区获批国家 4A 级景区、自治区级旅游度假区。

三是强化高质量发展动力保障。发挥优质项目拉动作用，组织开展“重点项目建设冬季行动计划”“重点项目建设年”“优环境强服务促落实”项目建设年等系列活动，成功实施一批重大项目。深入实施创新驱动发展战略，成立内蒙古自治区首家盟市级科技创新中心，在上海设立乌海市长三角合作创新中心，建立现代煤化工科技创新中心、院士专家工作站等。截至目前，乌海市拥有国家高新技术企业 26 家、自治区级企业研发中心 24 家，乌海市信息化和工业化融合发展指数连续两年居全区首位。持续深化“放管服”改革，

34%的事项实现“马上办”，75%的事项实现“一次办”，企业开办时限压缩至 3 个工作日，乌海市营商环境评价综合排名居全区第 2 位，市场活力有效激发。

二、牢记总书记嘱托，更好统筹生态保护和高质量发展

习近平总书记在黄河流域生态保护和高质量发展座谈会上的重要讲话是乌海市推动黄河流域生态保护和高质量发展的行动指南和根本遵循。乌海市应始终坚持生态优先、绿色发展，以水而定、量水而行，统筹抓好生态保护和高质量发展，让黄河成为造福人民的幸福河。

（一）抓住长远谋划布局这个重要前提

纲举目张、执本末从。推动黄河流域生态保护和高质量发展，科学规划发展布局是前提。乌海市应进一步转变思想观念，强化底线思维，优先考虑水资源承受能力，综合考虑经济成本和环境成本，统筹谋划区域空间布局、生态环境保护、经济高质量发展、文化传承利用、保障改善民生等工作。坚持以水定城、以水定地、以水定人、以水定产，紧密结合地区实际，加强对上沟通衔接，科学编制乌海市黄河流域生态保护和高质量发展规划纲要。及时跟进内蒙古自治区国土空间规划编制工作，合理划定乌海市生态保护红线、城镇开发边界、永久基本农田保护红线，推动人与自然和谐发展。

（二）抓好生态环境保护这个优先工程

站在全局高度，运用系统思维，统筹把握左右岸、陆上水上、地表地下、水气土等各方面各环节，协调推进生态修复和环境保护。

一是加大生态保护修复建设力度。充分考虑生态功能定位，更加注重从涵养水源、水土保持入手，统筹推进山水林田湖草综合治理、系统治理、源头治理，提升黄河乌海段生态系统质量和稳定性。坚持宜林则林、宜草则草，大力实施黄河流域国土绿化行动，加快推进天然林保护、京津风沙源治理等国家重点林业工程，增强水土保持能力。加大海勃湾生态涵养区保护力度，科学推进龙游湾湿地公园建设管理，减少人为破坏，维护好生态系统的完整性。

二是着力解决突出环境问题。把打好蓝天、碧水、净土保卫战作为重要抓手，扭住关键、聚力攻坚，坚决打好污染防治攻坚战。持续优化产业结构、能源结构、运输结构、用地结构，大幅减少主要大气污染物排放总量。深入推进区域大气污染联防联控联治，积极开展区域联合执法检查，探索实施区域重污染天气应急联动机制。突出抓好生活污水处理、工业污水治理，加强源头管控、排放监测，全面推进城镇污水处理设施建设、改造，推动建成区和工业园区污水管网全覆盖、全收集、全处理。严格落实"河长制"，继续开展黄河入河排污口整治专项行动，严厉打击危险废物非法倾倒等违法犯罪行为，持续解决好农业面源污染问题。

三是大力发展循环经济。按照"减量化、再利用、资源化"的原则，推进生产、流通、消费各环节循环发展。采用先进适用技术和工艺，推进电力、冶金、化工等重点行业清洁生产。加快既有居住建筑节能改造，完善新建建筑节能标准，发展装配式建筑，推广新型建筑材料。鼓励使用绿色产品，支持共享经济发展，倡导简约适度、绿色低碳的生活方式。

（三）抓紧黄河长久安澜这项千秋大计

紧紧抓住水沙关系调节这个"牛鼻子"，发挥黄河海勃湾水利枢纽防洪防凌、改善生态环境功能，谋划实施一批重点水利项目，完善水沙调控机制，全力保障黄河乌海段安澜。按照"控制增量、减少存量、综合施策、逐步治理"的生态治理思路，借鉴青铜峡、万家寨等水利工程调水调沙经验做法，探索安全高效治理措施，稳步推进乌海湖清淤。实施河道和滩区综合提升治理工程，着力加强黄河乌海段西岸岸线建设，提高防洪防凌能力。实施水生态、水资源、水环境、水灾害"四水同治"，持续开展公益诉讼"保护黄河""携手清四乱，保护母亲河"等专项行动，严厉打击违法乱采滥挖沙石等行为。

（四）抓细水资源集约利用这一重要保障

水资源短缺，已成为制约乌海市高质量发展的突出瓶颈。乌海市应把水资源作为最大的刚性约束，严格保护、科学利用水资源，构建人水和谐共生新局面。

一方面，在水资源节约集约利用上下功夫。支持企业发展节水产业和技术，实施再生水利用工程，鼓励使用中水、疏干水等非常规水，推动用水方式由粗放向节约集约转变。引进推广滴灌、喷灌等技术和设备，开展农田高效节水改造，提高灌溉有效利用系数。严格地下水取水审批，规范取用水行为，重拳整治地下水超采。加强水源地保护，确保群众饮用水安全。实施全社会节水行动，建设节水型机关和社区。

另一方面，在水权指标争取上求突破。抓住内蒙古自治区开展盟市间水权转让二期指标分配工作有利时机，加强与上级有关部门的沟通对接，争取内蒙古自治区配置更多跨盟市水权转让指标，更好保障经济社会持续健康发展。

（五）抓牢高质量发展第一要务

主动顺应经济发展阶段性特征，积极践行新发展理念，聚焦聚力产业转型升级，推动经济发展质量变革、效率变革、动力变革，探索走出一条以生态优先、绿色发展为导向的高质量发展新路子。

一是加快转换发展动能。把是否符合地区发展战略定位、是否遵循高质量发展导向作为新旧动能转换的根本标准，坚持加减法一起做、破与立相结合、优化存量与扩大增量“两手抓”，实现旧中育新、以新改旧，新旧动能混合发力、平稳转换。坚持有中出新。积极改造提升传统产业，推广应用人工智能、大数据等现代信息技术，大力引进新工艺、新设备、新业态，促进产业链往下游延伸、价值链向中高端攀升。坚持无中生有。精准培育一批融合度高、带动性强的战略性新兴产业，大力发展新材料、装备制造、生物医药、电子信息、节能环保等产业，稳步推进氢经济示范城市建设，扎实开展抽水蓄能电站前期工作，构建多元发展、多极支撑的现代产业新体系。坚持腾笼换鸟。遵循市场规律，强化优胜劣汰，坚决出清“僵尸企业”，为新动能腾空间、让指标。着眼长远发展，严把增量注入关，坚决摒弃“捡到篮子里就是菜”的思想，统筹实施项目招商、产业链招商、企业主体招商、借势借力招商，加快引进一批契合高质量发展要求的优质项目，全力推进项目落地见效，不能让项目停留在纸上。

二是加快转优发展环境。把优化营商环境作为推动高质量发展的重大课题，进一步改善政务服务环境，努力为企业提供精细贴心服务，以良好营商环境激发经济高质量发展活力。优化科技创新环境，完善科技创新政策体系，带动企业在技术攻关、成果应用等方面加大投入力度，围绕产业链部署创新链，增强创新发展能力。加快平台载体建设，鼓励更多企业在发达地区建立联合实验室和科研成果转化平台，用好用足乌海市科技创新中心，推动先进适用技术转化应用。坚持不求所在但求所用，发挥人才工作站作用，逐步构建政府引导、市场调节、企业主体、智力流动、契约式引才聚才新模式。优化产业集聚发展环境，统筹“一区四园”建设，建立高质量发展标准体系，理顺园区管理体制机制，防止出现园区和市区管理“两张皮”问题，不让园区成为“杂货铺”。探索“园中园”模式，推动现有园区改造升级，提升园区承载能力。优化开放发展环境，强化与“一带一路”沿线地区的贸易往来，完善乌海海关、国际陆港服务功能，提高开放型经济发展水平。探索推动内蒙古自治区编制乌海及周边地区空间规划，优化区域产业布局，积极构筑高质量发展新空间。

三是加快转变发展机制。健全组织领导体系，根据乌海市转型发展阶段性任务需要，及时成立由市政府领导同志任组长的组织机构，强化对高质量发展的统筹谋划、协调调度、合力推动。建立项目投入保障机制，加强政银企精准对接，及时梳理项目需求清单，细化政策措施，保障重点项目资金需求。完善政策供给体系，全面梳理现有政策措施，对不合时宜的做法坚决纠正、及时废止，提升企业政策获得感。健全保障和改善民生支出机制，坚持尽力而为、量力而行，加强普惠性、基础性、兜底性民生工程建设，推动生态惠民、生态利民、生态为民。

（六）抓实黄河文化发展这个铸魂工程

深入挖掘黄河文化蕴含的时代价值，讲好“黄河故事”，延续历史文脉，坚定文化自信。将黄河文化与蒙元文化、移民文化、工业文明紧密结合起来，促进黄河文化创造性转化、创新性发展。发展黄河文化创意产业，促成黄河文化活态传承、可持续发展。以环乌海湖、甘德尔山旅游开发为重点，规划建设一批文化旅游项目，推动黄河文化与现代服务业深度融合。

本文系2020年5月乌海-前滩综研联合课题组对黄河流域乌海段生态保护和高质量发展的调研报告。

吁请实行稳健的资本市场政策和积极的企业政策

文 / 何万篷

导读：基于保守主义智库集群的精准指导、国家相关力量的统筹调配，美国悍然发起的“一对多”贸易摩擦，违逆全球人心和市场潮流，向纵深发展。升级演进的路线图清晰呈现，涉及面更广，破坏性日甚。就我方而言，中美贸易纷争从未停过，最近几年可以说是“大吵大贸”，未来更是如此，因此需要去响应它、适应它、管控它、超越它，不能简单地闻鸡起舞，被人带到不利的方向、轨道和节奏上。

面对百年未有之大变局，我们有理由展望，在大国经济体的空间、韧性、内生动力和制度优势支撑下，我们越“狼狈”越创新，最终必将化被动为主动，化消极为积极，化腐朽为神奇。但是，我们也必须对贸易纷争中的敏感变化明察秋毫，未雨绸缪，前瞻应对。

第一个变化，美方执政团队的施政自由度是罕见的。自由度来自其内部消费市场的底线（确保已经稳定了 20 多年的低物价局面）。美联储等美国核心职能部门将物价稳定视为其首要的长期目标。事实上，他们也做得相当不错，核心通胀率长期控制在 2%以内。百姓的获得感是实实在在的，“物价低，而且几乎多年没有涨价”，近年更是出现“高增长、低通胀”的局面。此局面不改，此底线不破，美国国民对新政策就不会敏感，不会反感，更不会大面积、高强度地去反对，执政团队就可以相对任性作为。

第二个变化，美国此次使用的是“极限战”“临界战”策略，这非常罕见。而且，以贸易摩擦开道，科技、金融、舆论、政治等领域争夺有备而来。美方既有 10 分钟的、20 分钟的快速决策，也有面向未来的长远决策。以兰德公司提出的“政治战”为统领，将和全世界（主要指向中国），打一场贸易、科技、金融、知识产权、移民等的“全面战”“长期战”和“极限战”。

第三个变化，美方执政团队克服“合成谬误”，表现出罕见的步调协同性。外交、商务、贸易、金融监管等职能部门，同进同退，守望相助，“协调美国国家力量的所有相关因素来应对……有效的应对必然是整个政府的行动”，“统筹调配美国国家力量的所有相关要素（军事力量、秘密行动、网络、外交和经济手段）”。①

第四个变化，WTO、UN 等传统的国际多边组织和制度安排，空前“肌无力”，不可逆转地进入下降通道。尤其是 WTO，处于失去议题设置和争端解决能力的边缘状态。

第五个变化，是中方的变化，同时也是中方的严峻挑战——共识在经受考验，负面情绪在抬头，管控的办法不够多，引导的难度高。当下的情况是，相关部门不便多说，体制内智库说得僵硬死板，不少人带着情绪在吐槽，甚至还有干扰。迫切需要积极力量，接天气、连地气，以受众喜闻乐见的形式，传导建设性和正能量，占领主阵地，唱响主旋律，打好主动仗。

面对纷繁复杂的局面，我们要赢得中美贸易摩擦的伟大斗争，除了常规工作、正面战场之外，建议高度重视建设稳定之锚和发展之源。这个稳定之锚（相当于美国稳物价这条底线），就是稳健的资本市场政策。这个发展之源，就是积极的企业政策。

稳这、稳那，不如稳住股市，稳住股市就是稳住预期，就是稳住人心（资本市场已经成为家庭财产管理的基础性平台。中国证券市场投资者数量已经超过 1.35 亿，其中个人投资账户占绝大多数，涉及 10% 左右的家庭。美国股市连创历史新高，我们则是回到了 10 年前的水平。）。股市稳住了，就会显著降低和其他突发社会事件结合的风险，降低其他风险的破坏烈度，从而增进整体性安全。这就必须杜绝政策创新简单化、情绪化，过程当中形成的问题应该同样在过程中解决，不可一刀切。毕其功于一役的想法，往往是危险的，容易引起“次生灾害”。

这积极、那积极，最需要让企业政策更积极，尤其是民营企业

① 兰德公司 *An American Way of Political Warfare* 报告。

政策。民营企业的贡献，税收超 50%，GDP、固定资产投资和对外直接投资超 60%，高新技术企业占比超 70%，城镇就业超 80%，新增就业超 90%，早就是国民经济的底盘和基本面。要超越产业政策，营造政府精准感知市场需求、企业柔性响应政府规划，双向渗透、“国”引“民”进的良好氛围。打通对民企开放的“最后一公里”（最典型的问题是“准入不准营”），消除营商环境中的“微障碍”和“程序门”，实质性降低综合税负（要“明减”，不要“暗补”）等，这些都是积极的企业政策。

本文系 2018 年 9 月前滩综研自主研究成果。

“看不见硝烟的战争”悄然进行，网络安全如何“全域”治理

文 / 刘文富

导读：2019 年国家网络安全宣传周活动的主题为“网络安全为人民，网络安全靠人民”。这不是一个泛泛而谈的命题，而有全新的语境——在社交媒体广泛使用后，网络安全问题有了新特征，越境信息流也带来了实实在在的挑战。

“没有网络安全就没有国家安全”，习近平总书记的论断，为网络安全各项工作提供了根本遵循。毫无疑问，安全与安全化正在成为互联网治理的一个主要议题。

不夸张地说，今天的互联网上，围绕社交网络的一场“看不见硝烟的战争”正在悄然进行。新场景下的网络政治安全治理，需要调动政府、市场、社会等各方力量，采取一种“全域”的、系统的治理方式，而不是局部的、点状的。

一、应当有“全场景治理”

无论是网络安全还是网络治理，必须考虑到各界社会力量的利益相关方，这已经是全球共识，也是网络空间发展的最基本特性所在。所有迹象都表明，与此前的任何变化相比，场景时代所造成的变化更深刻、更有意义，而且这样的变化有可能很快就会发生。构成场景的五种技术——移动设备、社交媒体、大数据、传感器和定位系统，无处不在，并且不断迭代。

这一过程中，政府应该摆正位置，追求最大的公信力；媒体尤其是社交媒体、平台、网站等，应该坚持社会责任优先；参与公共活动的民众，也应该持积极、理性、有序的态度。只有这三者共同努力，才可能创造各种和谐的公共活动场景。

二、要实施"全渠道治理"

社交媒体时代的信息传播呈现多元主体的特点，如何协调各方的立场显得尤为重要。不过，即便不再像大众传媒时代那样有清晰的"传者"与"受众"之分，具体的治理，仍可以从发布与接受两个方面着力。

从发布端来说，要努力形成媒体发布多元主体之间的良性互动关系，公众人物在社交网络上的言行，应有一定的规范；从接收端来说，则应通过加强终端、平台建设，提供更多的网络政治参与形式，努力培养网民良好的政治参与习惯。

当然，对于身处偏远地区、或是年事已高的网络"弱势群体"，也应通过一定方式，让他们更好地参与网络公共生活，打破时下存在的信息鸿沟。

三、要实施"全环境治理"

清朗的网络空间，其内容理当可信，这也是安全的题中之义。而提升网络内容的可信度，一方面要从生产者方面把关，一方面也亟需提高公众的信息素养。

网络空间，不是世外桃源，不是自由市场，需要一定的参与秩序，也需要一定的价值观和道德素养作为基础保障。对每个网民来说，提升这样的素养，将为网络环境治理打下良好的公共道德基础。

在此基础上，还可以有一系列措施来促进"全环境"的良性互动。比如鼓励官员成为网红，有自己的庞大的粉丝群，及时同公众对话沟通；有效利用社交媒体，理顺网络社会情绪，使之成为网络正能量的始发地和发动机，成为稳定社会情绪的压舱石……

不难想见，一个治理顺畅的、安全的网络空间，不是僵化的，而恰恰是充满活力的。

本文发表于2019年9月20日《上观新闻》。

“紧日子”的正确“打开姿势”

文 / 何万篷

导读：2019 年 9 月，财政部部长刘昆向十三届全国人大常委会第十二次会议作《国务院关于今年以来预算执行情况的报告》时强调，下一步要坚持政府过紧日子，中央财政带头压减一般性支出，“切实做到花钱必问效、无效必问责，把钱花在刀刃上”。

“紧日子”这三个字，在舆论场已不算新鲜。2019 年来，各地各级众口一词，都强调要过“紧日子”。具象的表现，高度统一：全面紧缩，并逐步加码，不少地方上半年刚提政府一般性支出“减 5%”，下半年就变成了“减 10%”。

对“紧日子”，抽象的理解各有千秋。有的认为这是自上而下的规定动作，是严肃财政纪律的新标尺；有人说这是“囊中阶段性羞涩”时不得已而为之；更有甚者，将“紧日子”归咎于国际贸易摩擦、各种减税降费等。

这些说法，有正有误，有的不免偏颇，具体暂且不表。倒是有一点值得警惕：

在真正“过”上“紧日子”时，有的地方会不会说得多、做得少，会不会外紧、内松，明紧、暗松，先紧、后松，局部紧、总体松？

一系列现实问题摆在那里——中央早有过“紧日子”的提醒，但一些地方、一些部门，之前为什么没有主动过“紧日子”，提前过“紧日子”？过“紧日子”是终极目标吗？为什么在有的地方、部门及其官员这里，过“紧日子”并没有成为初始默认值，并没有成为普遍常态，并没有成为广泛共识？

“紧日子”，也有一个正确的“打开姿势”。对此，应该统一到这样的认知——这是由党政部门的宗旨和性质决定的。

不管全社会的“日子”过得怎么样，党政职能部门就得过“紧日子”，得过“精日子”。

非刚性、非重点的一般性支出就应该压缩；超标准配置的办公条件就应该降减；低效运转甚至闲置的资产就应该盘活；铺张浪费就应该反对。这是治国理政的内在要求，是精准过日子、科学过日子的规范动作。应该将内在要求规范化，规范标准化，标准习惯化，习惯内在化，形成闭环。

党政部门过“紧日子”，不是不做事情、少做事情，而是要做正确的事情、把事情做正确。

譬如“十四五”规划前期研究，就要广开言路，问计于民，广泛利用新的技术工具和手段。党政部门过“紧日子”，更不能简单粗放地传导给企业和老百姓，不能紧缩民生支出，不能压抑“积极的企业政策”。

“紧”的是党政部门，“松”的是营商环境。不能一“紧”就“冷”，浇灭了人民群众创新创业创意的热情。更不能一“紧”就收，承诺不兑现，服务打折扣。

当然，反浪费不是反消费，反腐败不是反福利。过“紧日子”，不能影响公务人员士气，正当的利益必须坚韧保障，这维系着公务系统的执行力。

过“紧日子”不能影响对市场主体的服务，须言必行、行必果，这关系到公务系统的公信力。要创造条件，让阳光下的权益持续跃升，让衍生的权利彻底归零。

最难的，可能在于科学地“紧”，高级地“紧”。削减“三公”开支、会场不放鲜花等，是基础的、初级的“紧”；提高财政资金的效率效能，放水养鱼，四两拨千斤，激发“体制释放”的活力，是更高层次的“紧”。

新时代追求高质量发展，也要学会过一种“高质量的紧日子”。此刻，我们必须点这个题，破这个局。

本文发表于2019年9月6日《上观新闻·观见》。

为企业纾困，从“同情”走向“共情”

文 / 何万篷

导读：疫情之下，为企业纾困，成了当务之急。非常时期，上海各级领导干部和许多职能部门官员身先士卒，冲到抗击疫情第一线，“沉”到企业复工稳产现场，急企业家和劳动者之所急，急事特办，特事新办，若是新事则以动态发展的眼光，审慎包容地办，帮着解决了很多棘手的实际问题。

很多解决方案，成形于生产线边、拍板于会议室内，让大家感受到了海派“店小二”的务实作风，值得点赞！正是因为有了这样近距离的接触，才给各级领导干部和职能部门带来了更深层次的思考。

有人感触良多，脱口而出：对企业情况不仅仅是要了解，还要理解。现在看来，了解、理解得都非常不够；企业家亮丽的外表背后，有着常人看不到、受不了的艰辛和煎熬。

还有人说，对市场主体确实应该再好一点，再大气和大度一点，它们关系着社会民生，关系着技术进步，关系着区域发展，关系着国际竞争，但是企业家的很多遭遇，让人同情。

同情，当然是美德。歌德说，同情是与生俱来的天性。陀思妥耶夫斯基说，同情是人类生存法则。从不少企业和企业家的现实处境看，正经受空前磨难考验的他们，的确挺值得同情。

但话说回来，无论非常时期，还是平常时期，企业家更需要的，不是同情，而是共情。

同情，可能是单向度的、浅层次的，甚至居高临下的。共情，则是双向交互的，意味着感同身受、将心比心、换位思考、分享共担、协同行动。再深一步，就是同呼吸、共进退。政商关系，既要

“清”，又要“亲”。

“清”“亲”二字的背后，也是这样的共情关系。很多方面，政和商，本来就是一个“共同体”，相互之间的支持协作，完全可以放在台面上，阳光下。

疫情期间，有人嘴上喊着“武汉加油”，实际上却根据身份证号码对疫情重点地区进行机械式盯防，手势里面只有力度、没有温度，这就是只有口头上的同情，缺少内心里的共情。这种冷漠的假同情，既伤了人心，又有悖于法治精神。处理政商关系，同样要避免这样的倾向。

共情，既是共鸣的情商，更是共振的行动。冬天即将过去，春天的脚步近了。企业在“冬泳”，在强身健体，需要职能部门“伴”泳。企业在春播，在谋篇布局，需要职能部门“联”播。“伴”泳和“联”播，就是“店小二”的本分——帮办。

帮办，帮办，是帮着办，不仅仅是帮着看，更不是让你看着办，当然也不是代办。

同情，多半是脉冲式的，时断时续，时高时低，因人因事因需因部门而异。唯有达到共情的境界，政商关系才是不可逆的，是一以贯之的，才可转化为系统性的高效率强效能。

笔者在走访调研中发现，很多企业最希冀的，不是间歇性的嘘寒问暖，不是碎片化的“一事一议”，阶段性的“一时一策”，也不是优惠、补贴、帮扶等特殊安排。那企业希冀的是什么？

是让制度更透明、更稳定、更集成，普适、普惠，超越具体的人事和事件，能公平公正公开，可持续地运行下去；是让不同职能部门，有统一的口径、标准的服务，“同一屋檐下，分工不分家”，及时填补制度的缝隙，及时削减制度“结合部”的“冲突”。

要真正实现“共情”，真正纾企业之“困”，当在这些方面多下功夫。

本文发表于2020年3月14日《解放日报·解放论坛》。

顺势从“转产”导向“转型”

文 / 何万篷

导读：生命重于泰山，疫情就是命令，防控就是责任。非常时期，各地充分利用制度优势，重组企业产能，满足应急需要，保障医护物资供应。一些原本从事服装、体育用品、食品甚至汽车、电缆等制造的企业，紧急增加或调用生产线，生产口罩、防护服、消毒水等紧缺物资。这对战胜疫情，具有战略性意义。

企业的应急转产所涉及的体制、机制、税制、法制等制度，以及其解决触发点定义、上下游响应、物流体系构架、征用和结算制度完善、峰值产能事后消化调整等问题的经验，是此次抗击疫情的宝贵实战经验，会成为国家公共卫生应急管理体系的重要组成部分。

同时，应急转产，也给各地区、各行业的顺势转型创造了场景，开辟了入口。至少从中可以看到一种象征意义：相当一部分传统产业的旧产能里，潜藏着面向未来的新动能，这个从旧动能出发的新动能，规模大、成长性高、持续性强，可以加载新技术、导入新模式，从而孕育出新产品和新服务。换言之，大部分的新动能不是无源之水无本之木，是从传统、经典、常规动能的“襁褓”中接续和转化出来的。显然，搞“抛弃型转型”要千万慎重，那可能会割断了历史，打散了产业链，从而丢掉了市场。

口罩生产这样看似技术含量不高，也算是“红海”的行业，有企业开发出可清洗消毒、可重复使用的产品，性价比、附加值都很高，其加工过程和童装加工“共线”，是典型的柔性“新生产”；物流配送领域的几家头部平台，在此次战“疫”中成为国之重器，让人体验了什么是坚韧的“新交易”；即便是居家就餐，“公筷母匙”也越来越被接受，成为时尚“新生活”。另外，还有在线在网、胜似在场在岗的新型办公，远程教育、共享员工、弹性就业等，都是未来潜在的新机会。

如何对付危机？危转机，化消极为积极，化被动为主动，化腐朽为神奇。如何实现危转机？眼门前要看转产，中长期则要谋转型。

因“转产”而起，因“转型”而兴，可以避免“地方性、特殊性、局部性的生产过剩危机”，也就是恩格斯说的“中间性危机”。在非常时期，有关职能部门“宁可过头，不敢不够”，动员企业踩足油门搞转产，甚至直接帮着踩油门、把方向盘，是有必要的。但到了现在，应该把油门、方向盘都还给企业，让企业自主“换挡”。职能部门要做的，就是把道路、加油站、服务区——也就是营商环境建设好，并及时播报天气（产业引导意见），供企业参考。

从“转产”到“转型”，不是一蹴而就的，需要一个不短的过程，需要做大量的务实创新，比如手续容缺、责任豁免、义务推迟、奖励前置等。这都需要政策制定者走出办公室，深入企业车间，倾听一线的声音。上海在这方面做得比较到位，市场主体的获得感很实在、很生动、很具象。甚至有人表扬，职能部门和我们形成了“统一战线”。真心希望，这样的“统一战线”，不仅是点上的，也是条上的、块上的，是系统性的。

“统一战线”用好了，职能部门的公信力、执行力上去了，政商关系正常了，企业就可以轻装上阵，火力全开。有的国家给中国企业贴上“不可靠的贸易伙伴”的标签，我们要尽早打破它。部门要诚信践诺，提供“绝对便利、相对便宜、本质公平、全面安全”的环境，帮助企业在国际市场上一方面运用好“不可抗力”等符合国际惯例的条款，另一方面全力加固、优化在全球生产分工体系和价值分配网络中的位势，持续地迭代升级。

从“转产”切换到“转型”，从“救急”切换到“谋远”，企业需要灵活度，行业需要冗余度，地方需要智敏性，国家需要集成性。当中贯穿着一条中国特色的鲜明主线——以新的治理方式，咬合、保障新的生产方式、生活方式和交易方式。这正是我们制度优势的精髓。

本文发表于2020年2月22日《解放日报·解放论坛》。

汉正街：在复合式振兴中“回到未来”

文 / 何万篷

导读：汉正街是武汉的城市标志之一。改革开放之初，汉正街小商品市场开放拉开了全国商品流通体制改革的大幕，时有“对内搞活看汉正街”的美誉。中共武汉市委十三届六次全会指出，要推动汉正街等传统商贸街区加快复兴，提升武汉“买全球、卖全球”商贸流通功能。

汉正街，去过若干次，但是不敢说有很多深刻而直接的感知。在我的心目中，汉正街作为自由经济和消费文化的标签，超越了传统商贸，超越了武汉地域，甚至超越了时代。它是一种平台型的“入口”(Hub)，经由它，城市要素在汇聚中集成，城市形态在沉淀中优化，城市功能在涌现中迭代。

鉴于“复兴”是一个抽象过程或者一个客观结果，我更主张将其理解成“复合式振兴”——业态是复合的，功能是复合的，空间是复合的，参与主体也是复合的。尤其是业态的复合，相当紧要。从次区域发展的经验来看，业态纯化，往往导致功能退化。而“混序”，恰恰是次区域商贸系统的活力源泉，足以驱动这个系统强劲地连接周边、链接全球。

汉正街暂时性战略间歇，直观的原因，可能是商贸内涵更新乏力，甚至低端锁定，出现消费代际断层，载体陈旧，交通梗阻，城市发展重心移转。深层次的原因，则可能是在供应链、价值链中“失位”，就像绿茵场上，曾经风风光光的主力队员突然找不到位置感，无法融入全队的新战术。汉正街在武汉的“失位”，是不是武汉在全国“失位”的缩影？武汉需要在改革开放再出发的大局全局中，精准识别特殊位置、特殊优势和特殊使命，增能、提速、扩容。

“城市”的“市”是决定性的。“城”，就是基础设施；“市”，就是市场、交易、贸易，是经济活动，说得绝对一点，就是城市的终极内涵。建议将“市”的理解，聚焦到消费促进和贸易服务，以及由此延伸和衍生的“四新”（新的交易方式、新的生产方式、新的生活方式、新的治理方式）上。简而言之，就是文化创新、金融创新、科技创新、生活创新、管理创新、制度创新等。

我不太赞成在汉正街打造相对固化定型的产业体系，最佳的目标是供给侧和需求侧有“润物细无声”的柔性互动，共同孕育动态权变的产业生态。形象地说，是星云型的生态。内核是清晰而强大的消费促进和贸易服务，有点类似高质量的恒星。外延是模糊而延展的，有很多共生的行星和其他天体物质，譬如供应链金融、文化设计、时尚创意、保税展示等。汉正街是生活新品的策源地、首发地、荟萃地、试验场、竞赛场。在这里，“四新”叠合，CBD 和 CAZ 相得益彰，商商旅文（商业、商务、旅游、文化）一体化，内外贸衔接，线上线下联动，主干马路和后街小巷错位协同，正规经济和非正规经济各得其所，从白天消费延续到“夜经济”，从而成为武汉创建“国际消费中心城市”的急先锋和主阵地。

汉正街尺度虽小，能级虽低，但是我们仍然可以找到精准化分解对标的榜样。譬如，城区的精细化管理学习东京，自由贸易学习中国香港，综合营运学习新加坡，公共活动学习奥斯汀，文化和商业交相辉映学习伦敦，“创新沙箱”（在特定地域、特定领域，向创新企业提供临时的灵活性，进行封闭测试）学习迪拜，激发城市动能学习上海（譬如“四大品牌”）。尤其是应学习新加坡“全球贸易商计划”（GTP）和上海“全球服务商计划”（GSP）的精髓，实施武汉特色的接力型政策。在企业的全生命周期，推出针对性的促进政策（譬如，对初创企业直接减免成本，助其存活；对大中企业，给予透明公开的补贴，助其走向全国乃至全球）。

汉正街可以关注世界小商品之都义乌，该市有两张金字招牌：国家级的国际贸易综合改革试点，省级的国际贸易综合改革试验

(正省级管理权限)。难以复制的是义乌的全域化市场，当然汉正街不一定这么做。可以参考的，是义乌市基于自由贸易制度的要素流动（交易）便利化，如果浙江自由贸易试验区扩区赋权，义乌的机会是很大的。汉正街与生俱来就有自由贸易的基因，和湖北自由贸易试验区武汉片区的联动大有可为，建议尽早研议破题。

汉正街的战略性再崛起，有个 KDF，就是在空间更新创新中实现产业的精明成长。这个空间包括物理空间、市场空间和数字空间。尤其是市场空间，要通过绝对便利、相对便宜、全面安全的营商环境去保障。数字空间，要通过率先建设 5G 街区来实现。5G 不是对 4G 的加减修补，而是通过海量的新应用去颠覆传统、经典、常规的贸易模式。汉正街，完全可以成为数字经济宽应用、大发展的肥田沃土。我们要借助上述的三大空间，降低综合成本，提升市场主体的效率效能，让汉正街的高转化率、高存活率、高成长率、高成功率，成为全社会的共识。需要将积极的企业政策和激进的信息化基础设施政策耦合起来。

关于复兴规划的指导原则，无疑是"现状递延型"和"未来引领型"的结合。其中的关键点是年轻人。拥有年轻人，就能改变现状、拥抱未来。所以，我们要从工业经济背景下的 people follow business 模式（哪里有企业，哪里就有就业），切换到服务经济背景下的 business follows people 模式（哪里人口/人才扎堆，哪里就有活力和生机，哪里就有生意和买卖，哪里就有企业和产业）。想尽一切办法，让年轻人"流"进来，"留"下来，"转"出来，把自然人的生活性消费活动转化为法人的创新创业活动。

最后，还要调整汉正街的公共传播，使之更具武汉特质，更具国际范儿，让受众喜闻乐见。衷心祝愿长江母亲河畔的民族商业历史遗存，在复合式振兴中"回到未来"，升级为水岸特色鲜明、商贸形态创新、公共活动勃兴的新地标，在武汉面向未来、面向全球的生产力布局中，发挥强有力的战略牵引作用。

本文发表于 2019 年 7 月 4 日《长江日报》第六版"全国专家建言汉正街复兴"专版。

“夜间经济”的发生、演进与治理

文 / 樊志宏

导读： 20 世纪 70 年代，英国经济学界提出了“夜间经济”的概念，指晚上 6 点至次日凌晨 6 点之间，在城市中以文化旅游、餐饮休闲、购物健身等为主的消费活动总称。2019 年，国务院办公厅印发《关于加快发展流通促进商业消费的意见》，提出要活跃夜间商业和市场。随后，北京、上海、广州、天津、重庆、南京等城市相继出台促进夜间经济发展的相关举措，夜间经济迅速成为我国大中城市，特别是那些以大都市为发展目标的特大城市的热门议题。

夜间经济不只是消费活动在时间上的延伸、在内容形式上的多元化。它的勃兴与消费升级有什么必然关系？其在城市高质量发展转向进程中又扮演什么角色？发挥什么功用？应如何持久发展？这些是在发展夜间经济过程中不得不回答好的关键性问题。

一、生产范式的变革衍生夜间经济

人类消费活动是生产活动的最初源起和最终目的。因此，人类生活方式的变化与生产方式的变革，一定是相伴相随、互为因果的。

夜间生产生活活动的兴起与发展，从表象上来说，是人类社会在时间维度上不断延伸拓展的主要表现；从根本上来说，是人类社会科技和产业革命的产物，是工业文明加快驶入信息文明、进而带来经济全球化分工体系日趋繁复的产物。人类社会主要生产内容和产业领域的变迁，使得人类的生产活动逐步摆脱昼夜轮转的外在影响，从白昼时区逐步越来越多地进入夜晚时区。特别是随着互联网革命的深化推进，越来越多的人需要在夜晚工作生活。可以说，人类社会的生产生活正在加快走向一个全时空延展的时代。

农耕文明时期，人类从食物的采集者变为食物的生产者，遵循着“日出而作，日入而息”的作息规律。工业文明时期，机器替代日照，成为决定劳动者生产模式的主导因素；能源革命在支撑生产方式革命的同时，也引发了照明方式的变革，人们的生产生活越来越不受时间的束缚限制。作为工业革命重要基石的交通方式变革和通信方式变革，极大缩短了时空距离，减少了由此带来的地域性阻隔，扩展和延伸了人类的生产生活时空。特别是随着全球通用时间标准、通行交易规则等制度体系逐步建立完善，国际化贸易、国际化分工日益成为全球经济发展的必然趋势。由此，越来越多的人因需要响应或服务远在数千公里甚至上万公里外另一个时区的人们的生产活动或消费需求，而在夜间工作；作为各种要素交易流通枢纽的国际性城市，也越来越多地成为全天候服务的平台。

伴随着信息文明的加快深化发展，知识化分工替代资本化分工逐步成为全球产业创新的引领力量，科技创新、文化创意在产业价值链中的核心地位日益凸显，技术研发人员、程序员、创意设计者、新媒体创作者等知识化分工种类越来越多元、群体规模越来越大。单就这些分工角色自身工作方式而言，空间和时间的界限都已经模糊，工作地点已经不只局限于传统办公场所，白昼和黑夜也越来越均质化。放眼全球来看，这类知识化分工更易于在全球流动、交易与合作。因此全球 24 小时不间断接续分工成为全球分工的一种新模式，并正在快速蔓延、演化发展。

二、消费模式的变革促进夜间经济迅猛发展

消费行为是信息获取或交互的过程，如何让这个过程更加便捷、更低耗费，即以更低的交易成本达成交易，是交易各方实现消费的基本条件。是否在夜间进行交易和消费，也应取决于此。

互联网，特别是移动互联网，带来人类社会信息交流方式的进一步升维演化，导致人类消费活动的全场景时空都在发生着颠覆性的变革，各类消费活动都更加便利化、快捷化、多维化，夜间消费活动的重要地位也日益凸显出来。

首先，人们获取消费信息变得更加便捷广泛、实现消费活动方式更加自如、更少时空阻隔的障碍。精准的空间时间定位技术服务能力，使得各类场景的消费者与供给方都能够更为精确地、即时性地搜寻到彼此的信息，并可以低成本地进行消费交易谈判并达成交易。各类互联网交易平台、移动支付技术、外卖快递方式等新技术、新业态、新模式层出不穷，颠覆了原有的固定地点、固定时间的交易模式，使得 24 小时即时服务能力迅速成为信息时代的一个重要标志。这一催化剂，极大地释放了夜间消费需求，推动了夜间经济的快速发展。

其次，消费活动日趋多元化、多维化。随着信息化技术水平及其应用生态的迭代发展，“线上—线下”交流成本极大降低，使得任意特定场景的消费需求者能够更低成本地搜寻到彼此，“同时在场”的消费者规模呈现飞跃式的增长，使得不同层级、个性化的特定消费场景呈现裂变式的演进。

这里所指的“同时在场”已经不仅限于同一时间、同一地点，而延伸到同一时间、不同地点的“同时在线”，甚至不同时间、不同地点的“延时在线”也有了可能。这些“线上虚拟、线下社群”的消费新模式，促进了各种消费细分场景、细分市场如雨后春笋般涌现。再高冷的消费偏好，都可以借助互联网实现社群化发展。

细分市场得以形成及其规模增长，是分工进一步深化、专业化水平不断提升的前提条件。因此，以上消费场景“同时在线”的深度变化，必然引发消费服务和商品供给的进一步细分专业化，进而促进分工的进一步深化。

这一系列的变化，也表现出对昼夜的无偏好差异。其中，有些场景是夜晚所独有的或具有独占优势的，比如：文化体育休闲类消费、教育保健类消费、餐饮类消费、社群类活动和在线社交类活动等。

综上所述，从消费角度来看，夜间经济的勃兴是在信息技术革命条件下交易和消费行为极大地突破时间和空间限制的必然产物，是不断提升经济发展质量和人民生活品质的重要支撑；其所表现出来的凸显消费者中心地位的便利化、个性化、多元化等特征，无不体现了全社会的福利增进。

三、促进夜间经济健康发展需要治理模式变革

夜间经济依然是一种演进中的经济形态，发达经济体对它的治理也是近一二十年的事。英国于1995年提出打造“24小时城市”，正式将夜间经济纳入城市发展战略规划中，这应该是夜间经济治理的最早案例。随后，欧美及东亚主要国家及城市陆续开始了对夜间经济治理的探索。概括来看，已有的举措主要有以下三方面特征：

（一）注重市场、社会多元主体与政府联合推动

伦敦、纽约、巴黎、东京、阿姆斯特丹等30多个城市设立夜间市长、夜间首席执行官、夜生活办公室等行政职务或机构，任职人员专职于搭建政府、企业和居民之间的沟通桥梁，对夜间经济进行专业管理，确保夜间经济与其他经济形态共存共生。其中，阿姆斯特丹成立由政府和夜间经营商家共同投资的非营利性公益机构——夜间市长基金会，夜间市长受雇于该基金会；日本成立官民一体的“24小时日本”推进协议会和夜间经济议员联盟，伦敦成立由各种政策专家和行业领袖组成的夜间工作委员会，帮助夜间市长拟定24小时发展规划，听取各行各业经营者、消费者以及居民群众意见，平衡相关群体利益诉求。

（二）注重产业体系打造和本土文化特色引领

这些城市都十分注重夜间产业体系的构建，从传统的以夜市为主的夜生活，扩展为集饮食、住宿、出行、娱乐、游览、购物、展演、赛事等全方位的产业体系。在这一过程中，注重深入挖掘城市文化传统和特色，并将其深度融入夜间产业体系全链条中，打造地域特色鲜明的夜间经济品牌。

（三）注重改善夜间经济基础设施和公共服务水平

延长公共交通运行时长，纽约地铁线路24小时运营；伦敦晚上10点之后地铁出行的速度是白天的两倍，11条地铁线路中有5条在周末24小时运行，到2023年将扩展到其他线路。降低治安、污染、

环保等不利影响，在满足夜间经济发展需求和不影响城市其他部分之间寻找平衡点。

这些举措说明，先行国家或城市已经认识到了夜间经济具有与日间经济不同的内涵和外在形式，对它的治理也不能只是日间治理模式的简单延伸，而应探索符合其发展规律及需求的治理模式。从本文前面的论述可以推论，从消费端来对夜间经济进行治理可能还只是其中的一个方面。

对于那些 24 小时全球化分工从业群体、知识化分工从业群体来说，以及体现消费升级方向的个性化、便利化、多元化多维化消费群体来说，城市是否应该研究制订实施更为精准的公共服务配套和治理举措呢？显然，这应该是那些正在加快步入信息时代、深度融入全球化或谋求成为国际性大都市的城市所要重点考虑并积极创新拓展的夜间经济治理新领域、新空间。

本文发表于《群众》杂志 2019 年第 20 期。

关于“未来城市”源起的初探
——兼论武汉商务区转型中央活动区(CAZ)

文 / 樊志宏

导读： 人类社会的各领域正越来越广泛、越来越深入地被裹挟入信息革命的浪潮之中，从第一、二次工业革命所塑造的生产生活范式正加速进入一个尚无法确定终极图景的未来。在各种场合，我们开始越来越多地谈论到：未来产业、未来通信、未来交通、未来能源、未来建筑、未来学校、未来医院……直至未来人类自身，当然也包括本文要探讨的“未来城市”。

一、为什么我们要开始畅想“未来城市”

人类文明的演进历程，如果以生产范式革命为内核来加以考量，大致可归集为三次大的维度跃升：从历史上的农业革命、工业革命，再到当下的信息革命。每次革命重构的都是人类社会的时空拓扑结构，使得那些原本是“浩海深渊、高峰峻岭”的时空阻隔，从不可征服、难以征服，瞬间变为可以征服、易于征服；使得人类社会更大时空尺度的交往、交易行为，从无穷大成本耗费的冒险之旅，瞬时便转化为成本可控的常态化现象。

城市是人类文明源起的主要标志、演进的主要承载，是人类社会生产生活各类要素资源高度集聚、各类活动高度密集的枢纽节点，在人类社会时空拓扑结构中的地位关键，必然也必将成为历次生产范式革命的核心承载和标志。具体来说，城市内部的空间布局结构和功能承载，必然要在历次时空拓扑结构的重构中，成为首先被变革并进而支撑变革的关键。

未来无法精准预测，但是需要在总结已有历史经验及脉络的基础上，开展无畏而务实的创新探索。我们现在修编到2035年并展望到2050年的城市总体规划，已然无法回避对以下问题的求索与作答——随着信息革命的加速演进，未来城市将走向何方，未来城市的空间布局结构及功能承载将如何变革?

二、我们该如何展望信息革命带给城市时空格局的颠覆式重构

毋庸置疑，当今世界所有建立在现代经济体系基础上的城市，都是现代工业文明浇灌出来、体现了工业文明基因的人类文明创造。具体来说，它要体现理性主义和工程思维，是一系列工程化产物的集成；它要符合规模化、标准化的逻辑，因为它所依赖并服务的工业体系是大规模标准化生产模式的；它是功能化分区的，体现着现代大工业体系内部严密而规整的分工格局；它是资本主导的，归顺于工业化大生产中孕育出来的传统资本主义。

我们做如此的表述，是因为城市的空间就是人类生产生活的空间，它的空间特征也必然地决定于并反映出这种生产范式的基因特质。未来城市的空间特征变化，也必然地要决定于并反映信息时代生产范式革命的变迁要求。那么，这一轮变革的基因特质和外在特征，将会是什么呢?

先于未来的，是一些已现端倪的引领性趋势：

一是，在全球产业价值链体系中，科技创新和文化内容创造的引领动力作用正越来越强化，其核心位置也日益巩固提升。科技研发、创意设计正加快从企业内部的功能性部分分离出来，走向更为专业化的分工，形成特有的企业化、产业化发展模式。人们逐渐认识到，在不远的将来，人类社会分工体系中，程序员和内容创造者很有可能就是能够留给人类自己的最为主要的两类工作。

二是，产业组织结构开始摒弃沿产业链垂直一体化、跨产业链横向一体化、围绕单一类型产业园区集群化等模式，逐步向产业链跨界网络化、产业组织平台化、产业集聚生态化等模式演进。

三是，产业发展的动力源不再由大企业主导的封闭式创新所垄断，新兴领军企业或中小企业主导的开放式、颠覆式创新将发挥更加重要的作用。各路资本也不再只追随大企业，开始更加重视新兴

领域的创新型企业，其中绝大多是中小微新创企业。

四是，产业发展的核心要素开始由资本、自然资源转向人才。创新创业人才成为发展的关键，资本等要素追随着他们，人才在哪里聚集，资本就流向哪里。

五是，制度的变革也在不断深化。产权制度正在向具有某种时空共享性质的制度模式转化；产业组织模式及管理制度方面，大规模个性化定制正日益成为主导；交易流通模式及制度方面，正在去中介、去中间层级，甚至去中心。

在这一大变局下，我们该如何规划城市的未来呢？或者说，“未来城市”将会演进成什么样呢？对于这一问题，生存在当下的我们肯定是无法断言的，但是有些基本原则是可以预设的，其中关键的一点是——我们必须在时空上保有战略弹性，必须尽可能为未来的所有不确定、所有可能性，预留足够的演化空间，提供足够的演化生态。一是要更具时间弹性，纵贯时间轴，回溯文明萌发深处，传承历史文脉基因；开放未来拓展通道，培育包容文明创新。二是要更具空间弹性，优化空间轴，为城市功能复合创新提供各种可能，使得孕育孵化生产生活各类新功能、提升新能级成为可行。

纵观全球先进城市当前创新发展的多项实践，引导中央商务区（CBD）向中央活动区（CAZ）的转型升级，应该可以看作是符合这一原则，并正在反映新产业空间范式变革要求的重要代表。

三、从 CBD 向 CAZ 的转型是怎样的一个变革过程及逻辑

CBD 概念最初被创造出来的 20 世纪 20 年代，恰好是美国、西欧第二次工业革命的中后期，即产业组织模式变革和社会制度变革逐渐走向成熟定型的阶段。其最主要的标志就是“大规模标准化生产模式”。这一模式最早发轫于第一次工业革命时期的英国，当时英国只有极少数企业探索采用了该模式。到了 19 世纪中后期，该模式被美国一些新兴产业领域的企业所引进并得到进一步创新和拓展。

美国在这一轮以电气为主要标志的科技产业变革中，并没有抢占多少科技革命的制高点，但恰恰凭着产业组织模式及相关制度的

变革，就夺取了产业变革的制高点，成为可与德国匹敌的超级工业强国。

在这一轮科技产业变革中，电报、电话的相继发明及快速发展，助推了铁路在 19 世纪中后期、航空在 20 世纪上半叶的跨越式发展，进而带来了人类社会时空拓扑结构的一次大重构，使得更大体量的洲际大陆之间及其内陆空间得以低成本地汇聚成一个统一的、高效的市场整体。于是，具有较高生产效率的大规模标准化生产模式，便有了用武之地。斯隆的管理革命、福特的 T 型车，是 20 世纪 20 年代最具传奇色彩的产业变革故事。在这前后，钢铁冶金、电力电气、石油化工等行业也都走上了大规模标准化生产的道路。超级工厂和工业区在大都市郊区不断涌现，大体量的物流、资金流、人流在大陆板块内部或外部的城市之间快速流动，同时也带来了城市空间的功能化分区发展趋向。“同心圆”空间结构模式恰恰是这一趋向的典型代表，其出现在这一轮科技产业变革接近成熟的时期，显然是合乎历史逻辑的。因此，我们可以进一步推断，CBD 就是第二次工业革命所塑造的城市发展模式的一个典型功能化空间存在。

而 CAZ 最早出现在 20 世纪与 21 世纪之交的伦敦、芝加哥，随后迅速蔓延到纽约、洛杉矶、上海、深圳等国际性城市。一般研究认为，这一模式是 CBD 的扬弃和升级，是适应全球化、后工业化时代全球经济特别是现代服务业发展新趋势的变革产物。

显然，我们还需进一步深挖 CAZ 模式出现的历史逻辑。世纪之交，人类社会最大的变革来自互联网，它使得信息技术不再仅仅只是一项技术革命，而成为引发人类社会生产范式变革的最关键因素。CAZ 与互联网几乎在同一年代出现并快速发展，显然也不是一种巧合，正如我们前面分析的 CBD 与第二次工业革命的历史逻辑关联一样。因此，我们有必要再来推演一下，信息革命的几个引领性趋势，在大都市中心区域会有什么具体表现。

在信息时代，主导新兴产业发展的动力是科技创新和文化内容创造，动力源是新兴领军企业或中小企业主导的开放式、颠覆式创新，核心要素是具有高知识技能、高创造能力和高收入水平等特征的知识分工群体。而且，随着信息化、智能化的加快发展，劳动者在体力劳动方面会越来越多地被机器所替代，他将会有越来越多的时间和精力聚焦到智力创造上。由此，社会分工将更多在智力创造领域深化、演化，并进而引发人类社会知识生产和交易的加速发展、加速富集。

信息时代知识化分工主导的逻辑，是完全迥异于工业文明时代资本化分工所主导的逻辑的。这里所说的“迥异”，一个重要方面就体现在空间布局上。

知识分工群体所追求的，应该是其创造性生产活动、品质性生活消费所能获取满足的最大化，即其创造性劳动的价值最大化和其生活消费的效用最大化。要达成这两个最大化，需要的空间条件一定要有利于最小化分工个体之间的创造性劳动合作或交易成本、最小化其互为服务对象的消费交易成本。显然，对于服务消费交易行为，更多是需要面对面、跨行跨界进行的；而近些年来对主要创新区域的实践观察和理论分析也表明，创造性劳动的合作或交易也更需要非预见性的面对面交流互动。人们在哪里最能够自如的面对面交流交往呢？都市的中心区显然是最佳空间选择了。

与之相对应，资本化分工主要是依托并体现在适合大规模标准化生产模式的大尺度生产线设备、大体量物流、大规模生产线劳动者、长流程的产业链企业集群等。资本所追求的目标是最小化投入成本、最大化产出效益。服从于这一目标，资本化分工的生产空间布局选择，主要就应是服务于最小化设备运行成本、物流成本、劳动者集散成本、供应链成本等。对此，我们再熟悉不过了，因为当下的多数工业城市都是这样布局的，即工业园区的郊区化布局模式。

基于以上分析可以做出如下小结：是资本第一、还是创造性劳动的人第一，是资本化分工、还是知识化分工，决定着空间选择将沿着两个完全不同的方向实施，一个是郊区化，一个是都市中心化，前者代表着历史的辉煌，后者则将引领未来。

既然未来是属于创造性的劳动者的，是决定于知识化分工的，那么信息时代产业布局空间的选择，就应该服从于知识分工群体和他们智力创造分工活动的要求。这些居于产业发展主导地位的人群，对于快速出行交通、便捷通信交流、宜居舒适生活、品质人文社交等，肯定有着超出一般群体的要求。同时，随着知识分工的深化，知识分工群体的需求也可能会变得越来越多元、多级和多彩。显然，他们只会越来越密集地群居在大都市区的中心地带或风景优美地带，集聚在能够更加复合生活生产生态、创新创意创造功能的区域，从而一方面带动产业价值链中的动力和控制环节集聚于此，使得这些区域成为或重新成为都市中最具经济活力和控制力的区域；另一方面也在不断促进这类区域向着更加复合、更加多元的方向演进强化。

这一逻辑推演，在近年来如火如荼蔓延发展的科技创新回归都市中心区现象中，可以得到令人信服的实践印证。伦敦硅环岛、纽约硅巷、洛杉矶硅滩、深圳湾地区等都市中心科创集聚地带的快速崛起，正深刻地改变着大都市内部的动力结构和空间功能格局。这些创新创意区域，以信息时代的创新创意人群为服务对象，以信息及知识的全球化流动为牵引，以全时空网络联接和更快速交通通达能力为支撑，以开放式创新创意生态为特征。与之相对应，传统 CBD 是适应工业文明全球或区域经济控制需要，以资本的全球化流动为服务核心，以跨国跨区域纵向联接能力为支撑，以封闭式竞争为特征的。这些创新创意区域可否被称为 CAZ，目前尚未有权威的学术定论，但是循着“同心圆”空间结构模式提出 CBD 的逻辑来看，它们完全可以被看作是传统中央商务区的“未来”。

四、关于未来的一个初浅展望

上海、武汉等城市在规划修编中纷纷开始谋划中央活动区的规划建设任务。这是各地规划修编的突破和亮点，也是未来探索发展的难点。我们后续的研究和实践工作，应该着眼于突破工业文明思维、摆脱资本主义约束、兼具理性和感性，让更多的历史人文光芒照耀城市、指引未来，从总体战略把握、各类政策设计、全方位路径谋划等维度积极探索、主动变革，努力将中央活动区真正打造成能够在信息时代引领复兴的动力之源、实力之基。

既然，创新是第一动力，人才是第一资源，那么我们为何不把城市最核心的空间资源留给他们呢？具体路径只能在具体实践中进行探索。这里我们只能粗线条的勾勒出一个框架，或者说是一个梦想：

未来的武汉中央活动区，应该是科技创新、人文艺术、创意时尚、生态自然、品质生活的多重复合空间，是融合未来产业场景、未来生活场景的创新创造空间，是纵贯城市历史、现实与未来的文明升维空间。

本文发表于《人与城市》杂志 2019 年第 1 期。

给村支书的一封信

文 / 马学杰

导读：春节，向来是中国人返乡探亲的日子。然而，随着城市化进程的发展，中国的很多乡村落后了、停滞了、凋敝了。这让不少从乡村走向城市的有识之士"愁乡"之余，因"愁"而动，希望为家乡的发展尽一份力，毕竟，谁不盼家乡好？

石柱贤弟好！

春节匆匆未及详谈，很是遗憾。这次回家乡过年认真转了转看了看，了解不少，也想了许多。令人欣慰的是，村里的路面硬化了，路灯亮了，污水少了，家门口停的小汽车多了。家里老人见到我说的第一句话是，今年上头又多发了一袋大米一袋面粉，还有一件棉大衣。96 岁高龄的老母亲一脸的满足感，连说想不到会过上今天的好日子。今年春节要比以往都喜庆。

回到上海多日，萦绕在头脑里的都是你这个新任村支书句句掏心窝的话。你那种投入，那种顶真，那种对村里发展的急迫心情深深打动了我。趁夜深人静辗转不得入睡之际，干脆写下来和你交流。

首先，说说家底。

咱们村人口 2 100 人，耕地 1 200 亩，集体经济为零，村里基本没有大户，20 家低保或特困。村里各项开支，包括村干部工资、公用事业费、党建工作、道路环境，以及养老救济等一应全由区、镇政府补贴，是个典型的贫困村。去年村里换届，你当了新支书，带领新班子满腔热忱想干些实事，为村里打个翻身仗。

可是，由于观念、政策、人才，特别是农村长期积累的宗亲文化等传统习俗的种种制约，仅仅依靠你们的内生力量很难有所突破。

根据上海浦东开展特色民宿试点中所经历的三农政策探索体会，也结合中央农村政策的最新精神，以及长三角农村地区的一些经验，我感觉到农村发展最重要的问题就是：如何既坚守耕地红线又能够搞活经济、提高土地产出效能。

40 年前咱村 1 200 口人，1 200 亩耕地，人均一亩地，每亩产出大约 300 元（粮食 + 棉花），先不说土地效益，这耕地红线的坚守实在是顽强！现在人口几乎增加一倍，村庄规模翻了一番，空间从哪儿来？从村里的池塘来，从村头的荒地来，从老宅的后院、屋前的菜地来，从迁移到城里生活的人口那里来。村子里再也寻觅不到那棵老槐和那口老井。可惜的是，这 40 年来的几任村干部都没有能够为村集体留下任何资产和资源，原始积累为零，倒是坚决完成了守土有责的重任，只不过这个贡献没有人奖励。这第一点，你缺少发展的有效资源。

其次，说说生产力。

毋庸置疑，老家的土地没有跟上时代发展的步伐，土地价值没有得到同步提升。目前看来，有三条路子：让承包权和经营权分离，在坚持土地集体所有制的前提下让土地流转起来；让土地流转规范化规模化；让高效农业普及，让家园美化起来。而这些无不亟待相关政府部门大力指导和帮扶。因此，这第二点就是要想想如何盘活资源、整合资源、激活资源，努力在更高水平上实现规模化经营，提高土地效能。

现实中，土地流转并不一定就会规模化；规模化的经营也不一定高效。自从国家取消农业税以后，农民不仅不再上缴公粮，往往还能获得各种补贴。高兴之余更有担忧。像我们中原大地人口密度高，多数地方不适合大农场。以村庄为单元，或是更小一点的相对规模化，就更有必要获得上级政府部门的个性化指导，包括产业定位、新村形态、农民组织、市场流通、金融支持、跨界融合等。台湾地区的创意农场和文农旅结合有很好的启示。我们有必要尽快培育扶持新型农民和农业经营主体。

据了解，目前不少大企业都在重新布局资产配置，优化业态环境，纷纷设立包括农林牧主题在内的各类产业基金。我想我们能否拿出一个初步想法去见见几位大咖？用谋求发展的真心和决心，用不多但很珍贵的有限土地资源去换取必要的帮助和支持，认真打造一个农业生态园示范项目，坚持农业属性，引进高效种植，农旅文结合，村民变员工，力争提高亩均产值，为我们那些没山没水没资源、祖祖辈辈捆绑在土地上的乡亲们探个好出路。

然后，该守住的还是要守住。

要冷静看待新农村建设和城镇化。实践证明，惜土如金对于农民更重要。

春节了解到，老家大部分新农村住宅小区都没有达到初始目标，即土地集约化。也就是说，新村小区占了土地，老的宅基地、老的村庄却不能退出后整理还田。眼睁睁地看着无证无照的新楼占了地空着房，老村子环境差建筑乱，真是心疼！江浙一带近几年又有不少新举措，不仅在践行习总书记的“留得住青山绿水，记得住乡愁”，又在力推产业转型升级建设美丽乡村。特色小镇特色村庄无不以特色产业为支撑，以美丽环境出形象，以文明创建和基层党建为保障的。一个没有产业引导和规划的城镇化，终归会走到房地产主导的邪路上去。

最后，还想说说教育。

从小我们就知道，春节在农村最受欢迎的对联是“风声雨声读书声声声入耳，家事国事天下事事事关心”。横批一定是“耕读传家”。这种意境不知你还能够体会到多少？这副春联你还能够看到有几家？大初一拜年，见到一个个晚辈小青年，问起来多数在外打零工，早早地辍学谋生去了。曾经热闹的校园被挤占得仅剩下一个角落；一个优秀的完全中学因为行政区划的调整硬生生地被砍掉了高中部，从此十多平方公里内的孩子们要去城里住校念高中。结果是，村里小青年的打架斗殴多了，犯罪被抓的多了，邻里关系复杂了，新型农民的苗子少了……

千秋大业，教育为本。我们先辈从来强调，再穷不能穷教育。记得十年前我俩带头捐建了村庄文艺舞台，为农村文明创建尽了绵薄之力。现在我考虑，咱们是否应该再次带个头，发起一个教育帮困小基金？期冀老弟作为新时期的村支书，不忘初心，砥砺前行，愚兄一定挺你！

衷心希望在你和村委会的带领下，乡亲们走上幸福的小康路！

问候乡亲们好！

愚兄学杰于上海浦东

2019年2月13日

香港旅行调研随笔

文 / 金颖婷

导读：每一个港剧迷都有着不一样的香港情结，但若不亲自去一趟，还不足以认识了解它。当与香港近距离接触时，才真实感受到它灿烂的光辉以及华灯背后的辛酸。

一、消费体验

中国香港商贸业高度发达，但对新商业模式相对保守。经过的门店大部分只支持现金或者八达通，移动支付仍处于萌芽阶段。在电商领域，只有天猫超市还稍有市场，点外卖也是一件难事，综合点餐平台多针对消费能力较高的消费群体，进驻的商家大多是中高端餐饮企业或连锁餐厅。

香港楼价之高为世界所知，旅途中注意到部分楼盘的价格，上海尚不能与之比肩；而朋友在香港的租房费用也达到 6 800 港币/月(旺角)。其实香港陆地面积约 1 111 平方公里，只有 24.3%是已开发土地。香港 700 多万人口，都挤在 77 平方公里中居住，总给我们以地少人多的错觉。虽然香港政府早已开始推行“公屋”政策，着手开发郊外的荒地。但由于大量的利益相关者反对激烈，改变现行规划和监控机制变得寸步难行。

在港期间，偶遇一位浙江游客，聊天得知他是因为购买香港投资类保险，获赠港澳跟团游。香港的保险机构在扩大其市场的同时又带动了旅游消费，不失为一个充满智慧的营销策略。近年来，内地投资者除了投资港股、地产等项目外，保险也逐渐成为重要的投资方式。

与服务业繁荣形成反差的是服务态度，部分服务人员表现得并不友好。为了防止自己以偏概全，查询了2019年由香港神秘顾客协会发布的《全球微笑报告》，显示2018年香港评分为56分，排名第26位，较2017年减少10分，远低于全球平均值80分。

二、特色文化

要了解地方文化，毫无疑问，肯定先从吃开始。中国香港大街小巷，随处可见茶餐厅、冰室，而且不少有娱乐圈背景加持。其中华星冰室就是香港老牌唱片公司“华星唱片”的高层开设，店内挂有陈奕迅等明星的签名照，这绝对是“影视+餐饮”跨界融合的成功案例。这些平民化饮食场所，也成为了香港的城市名片之一。

在中国内地，报刊亭已经绝迹，而香港依然保留着。摊位上各种类型的刊物，售价均偏高，也不乏涉及敏感话题的报纸。

到港第二天，目睹了菲佣上街购物休闲的景象。在商场、公园、广场，都可见到她们的身影。菲佣无疑成了香港特有的文化符号。

夜晚，一幕幕精彩表演在香港的各个角落上演，唱歌、跳舞、街头运动、杂技、魔术、行为艺术等应有尽有，观众看到兴起，会500港元、1 000港元地打赏。不过，香港沿街的店面在晚上八九点就已陆续关门，著名的女人街、油麻地果栏等特色一条街更是早早收摊。香港的夜经济繁荣，但活跃时间段与内地略有不同，集中在19—21点。

三、繁荣下的隐忧

中国香港整体劳动人口（不包括外籍家庭佣工）预测将由2018年的约365万人下降至2031年的343万人，会对香港社会和经济带来挑战。毋庸置疑，新移民应当成为香港劳动市场的生力军，但香港对怀孕入港女性审查较严［自2013年开始禁止内地双非（夫妻双方都不是香港居民）孕妇赴港生子］。在劳动力严重短缺的今天，香港应重新审视赴港定居政策，及早调整，打造青年友好型城市。

近年来，部分香港青年对自身未来及香港经济感到彷徨，甚至产生愤怒和极端情绪。同时，香港也存在理性思考的群体。旅途中遇到一对香港夫妻，跟我分享他们的金婚视频，聊香港必去的景点，也没有避讳地问我对香港当前形势的看法。他们认为，目前香港实行各项政策的效率还不够高。

香港一直是中国对外贸易、交流的大门，凭借它在文化、服务、贸易等方面的显著优势，沟通中国内地和世界。当前，内地融入世界经济的程度与日俱增，但香港则略显僵化。特区之“特”如何体现？“东方之珠”如何重现昔日荣光？

本文系 2019 年 6 月作者中国香港旅行调研随笔。

第五章

眺望海外

美国“制造业回归”引发生产力新变局

文/袁 玥 李 帅

导读：本文依托美国商务部经济分析局（U.S. Bureau of Economic Analysis, BEA）公布的，关于全美 50 个州及哥伦比亚特区 2008—2017 年的制造业 GDP 及就业数据，客观分析“制造业回归”战略下的美国制造业生产力新变局。

21 世纪初，美国本土制造业进一步向新兴工业化国家外流，“产业空心化”态势逐渐严重。2008 年金融危机后，美国开始反思过度依赖金融和房地产等产业所带来的弊端，并出台一系列政策振兴实体经济，支持“制造业回归”。其中，奥巴马执政期间提出并实施了“制造美国（Manufacturing USA）”计划。特朗普自 2017 年 1 月上任以来，以“美国优先”为执政原则，提出让“流向海外的制造业就业机会重新带回美国本土”，实施“制造业回归”战略。在此背景下，美国各州制造业发展呈现不同的政策效应。

一、总体评价：“制造业回归”战略未达预期，汽车制造增长快

数据显示，2008—2017 年间，美国制造业增加值占全美 GDP 比重整体呈小幅下降趋势，2017 年制造业增加值占全美 GDP 比重约为 11.2%。制造业创造的就业岗位占全美就业岗位总数的比重由 2008 年的 12.2% 下降至 2017 年的 7.8%，减少了 66.7 万个就业岗位。由此可见，“制造业回归”战略尚未达到理想预期。

从细分行业看，近 10 年来美国制造业内部结构基本保持不变。2017 年各大制造业中，增加值比重最高的四大行业分别是化学制品、电脑与电子产品、食品饮料与烟草产品、汽车整车及零部件产

品。其中，汽车整车及零部件产品行业占全美制造业增加值比重由2008年的5.0%提高至2017年的7.29%，该行业增加值年平均增速高达6.18%。

从各细分行业就业岗位数看，10年间仅有六个行业呈现出就业岗位数正增长。其中，受益于美国国内需求强劲，食品饮料及烟草产品就业快速扩张。此外，汽车整车及零部件产品行业就业岗位数增长也较为显著。

二、生产力布局：西部强势崛起，传统“铁锈地带(Rust Belt)”面临挑战

从各州制造业就业岗位增速来看，以爱达荷州、蒙大拿州、犹他州、内华达州四州为代表的美国西部山区增长显著。内华达州势头尤其强劲，2017年较前一年制造业就业岗位数增长9.5%。随着法拉第未来、特斯拉等一批新项目的开工，原本以博彩业著称的内华达州正逐步成为全美高科技制造业基地。

此外，美国中部“心脏地带”的发展势头不容忽视，南达科塔州、内布拉斯州和堪萨斯州2008—2017年的制造业增加值增速显著高于全美平均水平。反观传统意义上的制造业大州，除密歇根州外，其余各州的制造业增加值提升均较为有限，制造业振兴效果并不显著。尤其是纽约州-新泽西州地区的大都市区，制造业就业人口流失严重，曾经的“铁锈地带”工业经济再度迎来挑战。

三、“制造业振兴”的内华达模式——从“0到1到N”的创新突破

内华达州位于美国大陆西部，与加州接壤。19世纪曾是淘金者的乐园。内华达州最大城市拉斯维加斯更是世界知名的“娱乐之城”。2008年经济危机后，内华达州开始采取行动为经济发展寻找新基础。先进制造业成为内华达州的特色产业，尤其是汽车制造和高端装备制造（超级高铁、无人机）领域吸引了全世界最优秀的团队和项目。

数据显示，2016—2017年间，内华达州GDP产值及就业岗位数两项指标增幅均位列全美第一，2008—2017年10年间就业岗位数年均增速排名全美第8位。

内华达州发展的两个主要增长极是位于南部的拉斯维加斯大都市区和位于西北部的雷诺大都市区。尤其是雷诺都市区，其塔浩湖-雷诺产业中心近年来获得了谷歌风投及Blockchains LLC的大量投资。根据内华达州经济发展州长办公室预测，到2027年，雷诺都市区就业岗位数预计增长64.4%，远超拉斯维加斯都市区，是未来内华达州先进制造业发展的主战场。

内华达州制造业发展成果主要得益于如下举措。

（一）政府强力主导推动新兴产业发展

内华达州是全美第一个通过立法使自动驾驶测试合法化的州，2012年谷歌无人驾驶汽车拿到了内华达州的正式牌照，可以上路行驶。2016年，内华达州成为全球首个批准开展无人机送货的地区。同年，超级高铁公司Hyperloop One在美国内华达州沙漠建成首条测试管道。此外，内华达州大力支持可再生能源技术发展与普及，充分利用州内的太阳能、风能、地热能等资源，以廉价电力吸引高能耗大型项目落户。鼓励数据中心类项目建设，落成世界顶级的Switch托管数据中心，为物联网、车联网等关键技术的测试及应用提供了条件，对以此为基础的先进制造业项目形成强大吸引力。

（二）优惠的税收政策环境

内华达州为吸引符合条件的企业和人才，在免征企业所得税、个人所得税、对收入征收的特许经营税、库存税、遗产税、赠与税等的基础上，针对符合条件的企业及个人实行购买资本设备的销售税收减免、个人财产税和改良营业税减免等；针对可回收利用行业的不动产税进行减免；针对航空零件生产类项目、数据中心建设类项目进行专项减免；针对企业进行的知识产权开发和员工培训提供补助金等。

（三）人才培养与技术转化

大力推进“科技与商业化”计划，在州内各大学及沙漠研究所

（DRI）分别设立应用研究中心。一方面开展研究，抢注技术成果；另一方面通过与企业合作，帮助企业将先进技术应用于生产过程，转化为商业化产品。同时成立“知识基金”，由州长经济办公室直接管理，用于招募专业的科研人员、支持州内各大学及沙漠研究所的科研项目。

（四）培育先进制造业生态系统

内华达州建设有专门的创新区域，以吸引、聚集专业科学及技术服务业等高能级生产性服务业，为高技术、智能化的先进制造业发展提供了有力支撑。比如，未来汽车、无人机两大行业得以在内华达州取得发展，主要原因之一就是在州内可以获得人员培训、软件开发、数据中心、测试基地等全套上下游服务。

尽管“制造业回归”战略实施效果不够显著，但值得关注的是，以内华达州、爱达荷州、蒙大拿州、佛罗里达州等为代表的新兴地区正迅速成为美国制造业的中坚力量，颠覆传统格局。这些地区基于区域特点和产业特性，针对性地推动人才培养与技术转化，加快科技创新与制造业发展融合，注重先进制造业生态系统培育，创造出制造业振兴和区域复兴的新模式。特别是内华达州的迅速崛起，依靠的不仅是区位优势和低成本的土地资源优势，更重要的是政府拥抱新产业、新技术、新业态，宽容、开放的胸怀和态度。让市场发挥资源配置的优势，政府需要做的是优化营商环境、创造优质的产业生态环境，以相对“宽松”的政策环境引导未来产业发展。

本文系2019年4月前滩综研自主研究成果，所有数据均来源于美国商务部经济分析局。

纽约市“小企业优先”计划

编译 / 胡志仁　郭　宇

导读：小企业推动了纽约市经济的发展，创造了更多的就业机会。然而这些小企业每天都面临着各种各样的挑战。为了缓解小企业负担，2014 年 7 月，纽约市长比尔·德·白思豪（Bill de Blasio）发起了“小企业优先”（Small Business First）计划。该计划从四个方面制定出台了 30 条举措，对小企业进行服务和帮助，为小企业节省了时间、金钱，减少了不必要的麻烦，提高了小企业的满意度，为培育更多更好的小企业和小企业家，提供了有力的政策供给。

纽约市是一个小企业集聚的城市。在该市约 22 万家企业中，98%是小型企业（员工数量不到 100 人），89%是微型企业（员工数量不到 20 人）。这些小企业（小型企业和微型企业）雇佣了纽约近一半的劳动力，而且这个数字还在不断增长。2007—2012 年，微型企业雇佣了全市四分之一的新雇员；小型企业雇员数量增长了 5%；员工数量在 500～999 人的企业，其雇员数量减少了 0.7%。

小企业如此重要，但它们每天都面临着各种各样的挑战，包括多层次的政府监管。尽管纽约市政府不断改善监管环境，但小企业的负担仍然沉重，很多小企业没有足够的资源来应对政府监管。

2014 年 7 月，纽约市长比尔·德·白思豪发起了“小企业优先”计划。该计划由市长运营办公室和小企业服务部门牵头，旨在提升政府在帮助企业创业、运营和扩张方面的效率。该计划由 30 条举措组成，极大地改善了监管环境，为企业节省了时间、金钱，提高了城市服务满意度。

一、通过互动性的服务和支持为小企业提供清晰的信息

（一）创建全面的在线业务门户

政府应当为小企业创建最先进的在线业务门户，提供小企业所需的关键资源。在线业务门户应当将城市服务和商业资源集中起来，减轻小企业寻找和过滤信息的负担。通过该门户，小企业能在合适的时间和地点访问信息和进行交易。

目前，纽约市政府网（www.nyc.gov/Business）允许潜在的创业者了解如何按业务类型进行创业。创业者可以找到相应资源，并检查许可证、执照是否违规。该网站还提供向导工具，帮助企业家了解开办和经营企业需要的许可证、执照和规章制度。

政府应当在现有企业网站的基础上，创建更强大的在线业务门户。除了企业网站所包含的基本功能，最新的在线业务门户，应允许企业主进行在线交易，实时接收政府机构发布的信息，如法律更新等通知。

此外，为了满足企业主的需求，政府应当向企业主寻求意见，不断添加新的功能。

（二）优化监管机构的网站

除了通过在线业务门户为企业主提供集中的信息资源外，每个监管机构应当优化自己的网站。每个监管网站都将含有业务标签，该标签包含一切与业务相关的信息和指向在线业务门户的链接。

（三）鼓励企业家开发在线服务

纽约市通过举办黑客马拉松（hackathon）等活动，利用私营部门的创新，改善纽约市的在线服务。参赛期间，参与者通过开发针对特定目标的产品进行竞争，例如创建易于使用的移动应用程序来帮助企业应对城市需求。

（四）打造新的一站式业务中心

在调查中发现，很多小企业主更愿意面对面地交流。为此，政府应当创建一站式的业务中心，为小企业主提供面对面交流的机会。

为了帮助小企业主访问城市在线资源、获得有效的服务，一站式业务中心会提供城市公共信息，还将配备客户经理，以支持小企

业达到城市的监管要求。

（五）政府通过客户经理为小企业主提供支持

一站式业务中心可以为小企业主提供支持。客户经理将作为小企业主与政府之间的桥梁，可以促进小企业和政府机构的互动，包括提供服务和建议，安排和协调检查，了解和解决违规行为，帮助小企业从紧急情况中恢复。

（六）推广使用移动设备进行检查

为了提高政府机构和小企业主之间信息的清晰度和流动性，各监管机构应推广使用移动设备进行检查。包括环境保护、运输等部门，应当在检查期间使用移动设备，以更轻便、更准确、更快捷的方式向小企业主提供信息。

（七）确保各机构有简明扼要的指南

所有机构都必须编制宣传材料，解释清楚规则和条例，确保各机构都有简明扼要的指南。例如，财政部门为小企业发布税务审计过程的信息；纽约市残障人士办公室起草一份指南，解释什么是无障碍设计规范等。

（八）优化网站资源

为了解纽约的需求，小企业主不得不关注多个网站。为解决这一问题，政府应创建新的信息指南，这些指南针对特定的主题，包括企业在租赁店面前应当了解的事项，如何获得报刊亭许可证等。应当让企业主通过在线业务门户和一站式业务中心寻找到这些指南。

二、帮助小企业了解并遵守城市法规

（一）部署合规顾问，以帮助小企业遵循规则

纽约市政府机构已经采取措施，帮助小企业遵守纽约市的法规，避免小企业出现违规行为。

通过创建小企业合规顾问，可以帮助新企业或现有企业了解如何遵守城市的法规要求。这些合规顾问，将接受监管机构具有针对性的、有主题的培训。合规顾问在帮助企业避免违规的同时，最大限度地提高小企业的效率。

（二）为企业提供持续的教育支持

为了让所有的小企业都符合纽约市的要求，政府应当通过持续的教育支持来促进小企业的合规性。如举办“商业教育日”活动，通过交互式的会议，小企业主能够更好地理解法规，监管机构的工作人员能够更好地了解企业面临的困难。

“小企业优先”计划将与市长数据分析办公室合作，对不同来源数据进行汇编和分析，进而识别出可能产生的严重违规事件。针对需要政府支持的领域，监管机构可以进行直接的、一对一的接触。所做的这一切，都是为了帮助小企业了解纽约市法规、避免违规事件的发生以及更好地发展。

（三）提供更优质的客户服务

为了更好地支持小企业的发展，纽约市会对企业员工进行适当的培训，提升员工与公众进行互动的能力。纽约市确保所有与公众有重大互动的机构人员，都接受广泛的客户服务培训。这将鼓励小企业主和政府机构人员进行更多建设性的互动。

（四）创建一站式听证中心

每个城市的法庭都对不同类型的案件有管辖权。不同的法庭有不同的规则、程序、表格和办公地点。对于那些违规的小企业来说，这是一个既不方便又令人困惑的过程。

为了让裁决过程更加容易，纽约市设立一站式听证中心，该中心跨越五个行政区。办公地点设在听证办公室，该地点可以处理任何机构、任何类型的案件。一站式的听证中心将为个人和小企业提供机会，在一个独立和公正的法庭上处理任何市政机构发出的传票和违规行为。

（五）提供更灵活的裁决程序

对于企业主来说，收到违规通知后，往往要经历一段充满压力和困惑的时间。企业主可能会被要求在工作时间参加行政法庭听证会。

为了解决这一问题，政府应当提供灵活的裁决程序。企业主可以选择通过电话、网络或邮件等多种方式进行听证。当然，不是所有的违规行为都可以采用远程裁决的方式。

政府可以适当扩大适用远程裁决的违规类别。通过远程听证，可以节省企业主大量的时间。

三、减轻繁琐的法规和罚款带来的负担

（一）建立咨询委员会，提供反馈意见并审查城市的立法流程

咨询委员会五大核心职能：提供企业反馈；提供咨询和意见；提出企业和政府互动时面临的问题；选择某一行业作为年度重点审查对象；审查市议会立法流程，确保立法程序考虑到对小企业主的潜在影响。

（二）取消或合并许可证、执照

为了使监管体系便于理解，应淘汰过时或者不必要的许可证和执照，合并城市行政法规中重复的许可证和执照。

（三）修改或废除十分复杂的、过时的规章制度

通过修改或废除与现代商业惯例不一致的规章制度，简化相关法律。政府与咨询委员会合作时，将针对特定主题的条例进行审查。

（四）增加健身房和健身俱乐部的数量

根据20世纪70年代颁布的一项规定，体育设施（如健身房、武术工作室、水疗中心等）在未获得纽约市标准和上诉委员会特别许可的情况下，不得营业开放。体育设施申请许可证需要花费5万美元，申请过程可能长达6个月。由于健身房和健身俱乐部等设施为纽约提供有价值的服务，纽约城市规划部门应出台一个特别的许可证，以确定更合适的框架来规范这些设施。

（五）协调纽约市建设部门和消防部门之间的关系

企业改造设备需要获得建设部门和消防部门的多项批准，这两个机构都将对相关设施进行计划审查、批准和勘察。建设部门和消防部门的职责在多个领域重合，政府应简化程序。例如：在火灾报警方面，企业应向建设部门提交申请，计划审查只由消防部门执行。

政府将对“小企业优先”计划进行详细的业务审查，简化建设

部门和消防部门对小企业的监管流程。政府应考虑多种方案以提高城市为企业服务的能力，包括删减机构间重复的程序、职能，优化执行流程。

（六）精简消防部门的例行审查，撤销建设部门的审查

企业在获得建设部门或消防部门的批准时，往往涉及两部门的多个步骤。两部门的独立审查会花费小企业更多的成本、时间和精力。将消防部门作为审查灭火方面的唯一机构，将为企业节约成本，并缩短小企业在审查方面所耗费的时间。

（七）消防部门应该为食品企业提供消防系统计划

如果在纽约市开设一家食品企业，其消防系统必须得到批准。目前，小企业必须同时获得建设部门和消防部门的批准。但现在，审核责任将移交给消防部门。

（八）精简建设部门的决策流程

为了简化决策过程，建设部门将利用技术解决方案，提高决策的速度，例如将请求和决策的过程电子化。

（九）简化和规范建设部门发出“无异议书”的程序

如果需要确定对某一地点的使用权利，应使用“无异议书”(Letter of No Objection)。在相关规章制度中，当对地点的使用规定不明确时，企业必须要求建设部门出具“无异议书”来确认其使用。然而，发出“无异议书”的过程可能会耗费大量时间，耽误业务开展。市政府将简化这一过程，创造一个效率更高的流程。

（十）规范审查员使用的语言

由于计划审查员的描述方式和方法的不同，可能会给小企业在应对异议时带来困难，最终延长了开展业务所需的时间。政府将通过确保计划审查员使用标准语言，描述反对意见以改进计划审查过程，向计划审查员提供专业用语列表，提高小企业的理解力和参与度。

（十一）建立人行道施工信息平台

企业拿到搭建的许可证，在人行道搭建遮蔽物，保护行人的安全，却因堵塞街道受到交通部门的罚款。针对这种情况，应在交通部门建立人行道施工信息平台，与建设部门的搭建许可证进行同步，使交通部门了解施工企业是否已经取得许可证，避免由于管理部门之间信息不对称而造成的企业罚款。

（十二）扩展交通部门的在线许可系统

为了节省企业主的时间，纽约市正在努力扩展交通部门的在线许可系统，允许企业主在线提交许可证申请。

纽约52%的企业主为移民，许多小企业远离市中心。小企业应克服距离、文化和语言等障碍，获取更多的信息和服务。为了实现这一目标，应提供多语言信息，简化文书说明，确保所有企业都能有效获得资源。

四、为小企业营造公平的市场环境

（一）培育社区组织，帮助当地企业

社区组织更容易得到企业主的理解和信任，政府应培训教学人员，为社区组织提供工具。社区组织帮助企业主，特别是外籍企业主，寻求有效的信息，提供服务。通过与社区组织的伙伴关系，进一步深入社区，帮助企业主获得所需的信息和服务。

（二）在社区提供培训服务，支持企业

市政机构在社区中心举办教育活动，这些活动将邀请监管机构和其他相关机构的工作人员。活动设置问答环节，提供有效信息，为企业主扩充外部资源。建设部门也邀请企业主参与会议，并与建设部门派出的代表会面，进行互动和交流。

（三）帮助企业主，将他们与金融咨询联系起来

消费者事务部门下设的金融授权办公室（Office of Financial Empowerment）将加大向企业主提供金融服务的范围。政府在金融授权办公室和与企业主合作的监管机构之间建立联系，以便将有价值的金融咨询服务提供给需要的企业主。例如，政府在监管机构的客户服务站点上设置金融授权顾问，以便企业主能够轻松地了解和使用服务。

（四）简化提供给企业主的材料

企业主通常很难理解城市的规章制度，很大程度上是由于规章

制度太过复杂或者专业性太强。城市机构应将语言和格式简化，易于企业主理解。为了达到这一目标，应对机构工作人员提供语言培训，让工作人员写得更清楚易懂。

（五）提供多语言的材料和服务

对企业所需的关键材料信息指南进行翻译，每个机构都应翻译其信息材料中的关键信息，帮助外籍企业主更好地理解和遵守规章制度。推广电话口译服务，便于与外企人员交流。

本文系 2020 年 1 月前滩综研根据 *Small Business First* 编译。

拥抱数字经济的新加坡

文 / 金颖婷　钟　伟

导读：数据已成为新的生产要素，谁掌握数据，谁就掌握了时代发展的主动权。数字经济建立在数据的基础上，打破传统的供需理论，在与传统产业的碰撞中扩大经济增量，衍生出新业态、新技术、新模式，从而成为各国竞争的焦点。

新加坡凭借在东南亚便捷的连通性、一流的营商环境、强大的基础设施、高素质的劳动力，在 2019 年世界经济论坛（WEF）发布的《全球竞争力报告》中超越美国，成为全球最具竞争力的经济体。同时，新加坡又是亚太地区最具吸引力的数据中心枢纽，为数字经济发展提供了有力支撑。新加坡积极构建数字经济行动框架，聚焦数字治理、数字产业、数字贸易、数字生活等领域，雄心勃勃，计划建成世界首个“智慧国”。

一、数字治理

新加坡廉洁高效的治理模式为人所称道，除了强有力的政治领导外，实际上背后已形成一套以数据为支撑的科学治理系统。

（一）建立风险评估与扫描系统（RAHS）

基于 SARS 病毒对国家发展造成的影响，新加坡国防部借鉴美国全景扫描系统（TIA）的思路建立风险评估与扫描系统（Risk Assessment and Horizon Scanning，RAHS），进行疫情预测演练，帮助新加坡在病毒抵岸前两个月便捕捉到疫情暴发的迹象。2006 年后，新加坡将 RAHS 用于处理政府安全问题；用于分析 Facebook、Twitter 和其他社交媒体的帖子，评估国民情绪；应用到整个政府系统，以应对国内社会和经济问题。

（二）启动“虚拟新加坡”项目

2015 年，新加坡政府与达索系统、西门子等多家公司合作，完全依照真实物理世界中的新加坡，打造一个汇集所有物联网传感器的大型城市数据模型。平台于 2018 年面向政府、市民、企业和研究机构开放，广泛应用于城市环境模拟仿真、城市服务分析、城市规划与管理决策、科学研究等领域。

二、数字产业

新加坡在 ICT 技术上的积累使其有足够底气开展产业的升级换代，通过连续性的发展政策，推进创新技术商业化，最终实现产业“数字化”。

（一）推行产业转型蓝图计划

2016 年，新加坡提出涵盖能源化工、航空业、医疗保健、金融、教育等 23 个具体行业的转型措施及发展目标，并成立未来经济署（Future Economy Council）来负责整个蓝图的制定和执行。政府通过一部分财政经费多管齐下，实行针对性的援助计划，具体涉及企业国际化发展减免税，小企业和创业公司创业减免税，相关行业专业人员能力提升培训等。2018 年又推出“服务与数字经济蓝图”，重点提升本国服务业领域的数字创新能力。

（二）启动 Start Digital 项目

2018 年，新加坡信息通信媒体发展局表示，中小企业是新加坡经济的中坚力量，它们雇用了全国 2/3 的劳动力，贡献了近一半的 GDP。但 95%的中小企业未雇用信息与计算机技术的专业人员，其在数字化方面的发展需求难以得到满足。新加坡推出针对中小企业的 Start Digital 项目，包括五类企业基础数码方案，分别是会计、人力资源、数字营销、数码交易和网络安全。新成立的中小企业可以从中任选两项数码方案，承诺参与计划至少 18 个月，豁免至少 6 个月的费用，剩余期间也不需要支付太高的费用。

（三）成立“数字产业发展司”

2019 年 6 月，新加坡经济发展局、企业发展局和信息通信媒体发展局联合成立 Digital Industry Singapore（DISG），协助新加坡电子商务、金融科技等领域企业进入亚洲市场，推广新加坡在网络安全、人工智能、云端科技等领域的解决方案。目前，DISG 旗下已有数个合作项目，包括协助科技公司 Grab 在新加坡设立总部大厦，与阿里云合作协助中小企业进入中国市场等。

（四）发放数字银行牌照

在金融科技浪潮的推动下，传统银行的转型升级已是大势所趋，新加坡积极推进虚拟银行的落地，开放数字全银行、数字批发银行牌照申请。截至 2019 年年底，新加坡共收到 21 份牌照申请，包括亿联银行、翰德集团、蚂蚁金服在内的多家中国金融科技公司。同时，新加坡努力发展为亚洲区块链技术和数字货币的新型数字金融中心，颁发数字货币经营牌照。2019 年 10 月，瑞士数字货币银行 Sygnum 获得新加坡金融管理局颁发的资本市场服务许可证，并获得了包括新加坡电信集团在内的风险投资约 6 100 万美元。

三、数字贸易

贸易一直是新加坡经济的基石，新加坡政府正加强国际合作，加快在贸易和商业中部署数字技术，从而降低贸易成本、便利服务贸易。

（一）参与制定数字贸易规则

数字贸易壁垒和跨境支付困难是数字经济发展的两个主要障碍。2018 年 2 月，新加坡加入了亚太经合组织主导的跨境隐私规则（CBPR）体系。2018 年 3 月参与推进的《东盟—澳大利亚数字贸易框架倡议》达成，致力于消除两国之间的上述障碍，寻求更大程度的互联互通，为电子商务、数字货币、知识产权保护和数据管理制定法律框架和标准。

（二）搭建 NTP(互联贸易平台)

2016 年，新加坡政府设计了更开放的数字化 NTP，取代用于贸易相关申请的贸易管理电子平台（TradeNet）及用于连接贸易和物流业的商贸讯通平台（TradeXchange），旨在驱动全行业的数字化转型（见下图）。

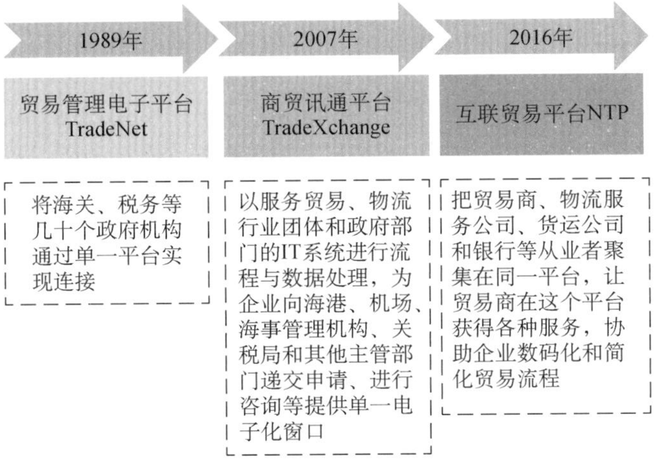

图　贸易平台升级进程

四、数字生活

新加坡政府广泛应用数字和智能技术，实施国家数字身份、电子支付、传感器平台、智慧交通、生活时刻、数码平台等六大关键的国家战略项目，加快步入“数字化生活”，其背后凸显了新加坡政府推动国家计划的务实性格。

新加坡政府身体力行，加快推进“智慧国”建设，以“有用”为标准，探索治理新方式、产业新业态、贸易新框架、生活新面貌，走出了一条特色的数字化发展道路。

我们的城市应重视数字经济，将其作为新旧动能转换的关键、城市转型发展的支柱，从以下角度向新加坡学习。

（一）重视城市的智慧治理

从“经验决策”转向“数据决策”，建立可实时感知、可历史溯源的系统。“不能好了伤疤忘了痛”，要未雨绸缪，前瞻构建风险评估体系。

（二）重视产业数字化转型

开足马力，推出能感知、有温度的措施，助力中小企业数字化，提升产业链韧性，争取弯道超车，打破空间、产业界限，重新定义产业生态。

（三）重视数字贸易及战略应对

拓宽朋友圈，打破数字贸易定义乱、规则缺、标准无、共识少的局面，从贸易规则的跟随者转变为数字贸易规则的制定者。

（四）重视将数字经济融入民生

把增进民生福祉作为发展经济的根本目的，以数字为核心，用心、用情、用智慧，开辟“数据惠民”之道。

本文系 2020 年 2 月前滩综研自主研究成果，相关资料来源于 Networked Trade Platform 官方网站和 *Smart Nation: The Way Forward*。

新加坡“RIE2020”计划中期评估解读

编译 / 周雨霏　李　帅

导读：2017 年，前滩综研曾编译整理了新加坡科技创新 2020 规划——《研究、创新、创业 2020：用科技赢未来》(RIE2020)。根据该规划，新加坡政府将投资 190 亿美元用于先进制造业、生物医药科学、城市方案与可持续发展、服务与数字经济等四大战略领域，致力于把新加坡打造成为世界研发中心。2019 年是计划实行的第四年，由新加坡总理李显龙亲自领导的研究、创新与创业理事会对“RIE2020”计划展开中期评估，并以此制定未来发展的新计划。

一、总体评价

评估显示，“RIE2020”计划总体方向正确。计划实施以来，新加坡在先进制造业、生物医药科学、城市方案与可持续发展、服务与数字经济等四大战略领域的研发能力持续提高，研发成果转化为新产品，服务不断增强。

为了深化新加坡的国家核心竞争力，将限制新加坡发展的要素转化为新的机遇和力量，新加坡政府决定在一些环节进行强化，重点在关键数字产业、细胞疗法制造和食品产业三大领域追加战略性投资，促进新企业成长，开拓新市场，为新加坡人民创造高质量的就业岗位。

二、重点新增领域

（一）关键数字产业

新加坡原计划在服务和数字经济领域投资 4 亿美元，聚焦城市移动、健康护理的信息通信技术、提高服务业效率等领域。然而新加坡政府注意到，最近几年，中国、美国等国家正大力发展人工智能、5G 等未来尖端产业。为了使新加坡在数字化潮流中保持竞争优势，新加坡政府将在数字技术领域追加 5 亿美元的投资，以塑造新加坡的核心数字技术产业，帮助企业利用数字技术提高生产率，实现数字化制造、物流、现代服务业的协同发展，扩展更大的海外市场。这些投资将用于服务和数字经济、超级计算机资源、机器人和自动化等领域的重大项目建设（见下表）。

表　新加坡“RIE2020”计划关键数字产业主要项目介绍

序号	分类	项目	简介
1	服务和数字经济	AI 新加坡	该计划将获得额外支持津贴，并与英、法、加等国合作，主要投入细分有：问责型人工智能、隐私感知型人工智能、资源高效型人工智能、协作型人工智能和终生机器学习
		国家网络安全研发计划	将重点发展网络安全、通信安全、边缘计算和云安全等 AI 领域
		策略能力研究中心	“RIE2020”的下一阶段将是投资研发可问责的数字系统和机器，以及改变一些综合项目的游戏规则
		新兴领域研究	其中之一是社会科学的数字技术，将围绕数字技术和系统的设计、实施、商业化和监管方面展开
		计算法律学	其目标是编纂法律，使计算机系统能够解释和执行法律，从而实现更高程度的自动化和效率
2	超级计算机资源	新加坡国家超算中心 2.0	这两个项目的升级将提升新加坡所有高等院校和研究机构的超级计算能力、网络速度和质量
		新加坡光波互联网交换 2.0	
3	机器人和自动化	国家机器人计划	将支持国家环境局环境机器人项目的全面实施，为公共场所的清洁、废物管理、害虫和污染控制提供支持。还将建设新的关键机器人技术，如软机器人和混合机器人、先进的室内导航、人类机器人交互和可穿戴机器人

（二）细胞疗法制造

新加坡是全球领先的生物制药生产基地，拥有强大的物流链和全球信誉。在“RIE2020”计划中，新加坡计划投资 40 亿美元在癌症、心血管疾病、糖尿病和其他新陈代谢及内分泌疾病、传染病以及神经系统疾病和意识障碍等五大领域，以加大研发力度。中期评估提出，在细胞疗法制造领域投资 8 000 万美元，重点用于扩大细胞疗法制造规模、提高细胞产品质量、设立可扩展的自体临床细胞制造平台等，将新加坡打造为细胞治疗制造的区域中心，巩固新加坡生物制药领域的地位。

（三）食品产业

在“RIE2020”计划中，新加坡原计划投资 9 亿美元用于解决能源、水资源、土地、都市交通等方面的问题。中期评估显示，随着全球气候变化、海平面上升等问题，全球粮食产量可能出现短缺，食物供应和食品安全存在隐患。为此，新加披政府将再拨款 1.44 亿美元重点用于可持续的城市食品生产、未来食品（基于生物技术的先进蛋白质生产）和食品安全三大领域的科学创新，并设置了“30 by 30”的目标，即到 2030 年之前，国内的食品生产力要达到满足国民 30%营养所需的容量。

三、强化政策支持

围绕“RIE2020”计划的调整，新加坡还将强化创新支持、人才支持和国际交流等方面的政策支持。

在创新支持上，政府鼓励公司加速从实验室到市场的部署，鼓励全民创业。政府将开展与私营部门合作，共同投资。

在人才支持上，通过全球创新联盟与其他全球创新节点建立联系，吸引来自世界各地的人才与新加坡人才合作。

在国际交流上，将举行新加坡创新与技术周（SWITCH）、新加坡金融科技音乐节等一系列活动，促进亚洲和全球创新者、企业家、投资者的思想交流。

“RIE2020”计划作为新加坡面向未来的科技规划，始终紧跟全球科技产业发展趋势，并及时作出微调，抢占世界科技产业前沿。这再次验证了新加坡产业发展的逻辑——“永远的新经济”。

本文系 2019 年 4 月前滩综研根据新加坡 RIE2020 官网有关资料编译。

日本国家战略特区新动向

文/周 威 李 帅

导读：早在2014年，前滩综研曾发表了《上海自贸试验区引领新动力、新空间与新优势——兼论与日本国家战略特区的比较》一文，详细介绍了日本国家战略特区。日本国家战略特区目标很明确，通过放宽长期以来束缚企业发展的各种规制，鼓励国内外企业、人才集聚日本，在更加自由的竞争环境中投资、创业，从而将日本建设成世界上最容易开展商务活动的国家，打造可匹敌伦敦、纽约的国际商务环境，建设汇集世界人才、技术和资金的大都市。

一、背景

日本国家战略特区已经确定了关西圈、养父市、福冈市—北九州市、冲绳县、东京圈、广岛县—今治市、爱知县、仙台市、新潟市、仙北市等10个地区，涵盖了都市再生、创业、外国人才、观光、医疗、介护、保育、雇用、教育、农林水产业、近未来技术等急需放宽规制的事业领域目录。

关键绩效指标（KPI）的主要进展及目标：通过实施日本国家战略特区战略，到2020年，在世界银行营商环境排名中，日本要进入发达国家前3位（2017年10月排名第24位）；到2020年，在世界城市综合排名中，东京要进入前3位（2012年为第4位，2016年与2017年均为第3位）。

二、超级城市计划

从2018年起，日本国家战略特区咨询会议接连发布了一系列重要的基本方针和区域改革计划（见下表），最为重要的是超级城市计划。2019 年 2 月 6 日，日本内阁府召开专家意见会，集中讨论了“超级城市”的概念，计划利用国家战略特区系统，建立“超级城市”，将日本的国家战略特区打造成世界上设施最先进的地方。主要发展现代物流、移动支付、便民行政系统、新能源、远程教育、现代医疗等产业。

表 日本国家战略特区近期发布的重要文件

会议序号	时间	主要公布文件	主要内容
第 33 回	2018 年 3 月 9 日	公布“国家战略特区法律修订纲要”	主要规定创新项目所需特殊政策，以创设“特例措施”的形式进行法律保护
第 34 回	2018 年 3 月 26 日	公布国家战略特区机制创新的主要内容和规划	主要聚焦于技术创新、农业改革、放宽外国人限制等方面
第 35 回	2018 年 6 月 4 日	对 2017 年度国家战略特区的主要项目进行评价，公布“战略投资计划 2018”	2018 年计划将国家战略特区的某些特例措施推广到其他地区
第 36 回	2018 年 10 月 23 日	公布国家战略特区“再出发”行动	主要包括放宽某些技术领域的政策限制、优化自治体之间的沟通机制
第 37 回	2018 年 12 月 17 日	公布“超级城市构想”	公布了“超级城市”的未来技术方向和建设体系

（一）未来愿景

“超级城市”的建设最终要将日本的先进技术落实到国家战略特区的建设中，未来具体要实现以下几个方面：①落实行政手续处理终端化；②合理利用新能源、水资源；③建设无现金社会；④提供完整的医疗护理服务；⑤提供先进的教育、居住环境；⑥实现自动驾驶、自动配送。

（二）重点举措

1. 针对新技术开展“沙箱实验”

通过在各个国家战略特区划定有限的区域开展“沙箱实验”（如自动行驶、小型无人机项目等），为技术创新提供安全的测试环境，力图化解政策监管与技术创新之间的矛盾。“沙箱实验”为日本先进技术的推广提供了测试、保护和激励机制，一方面有利于引入新技术的检测和评估系统，另一方面，在特殊区域暂时放宽一部分限制性政策，并尽快出台更合理的政策条款。“沙箱实验”为新技术的快速推广提供了一个“试错”环境，例如，为迎接2020年东京奥运会，羽田机场将于2020年针对自动驾驶技术开展“沙箱实验”。

2. 积极推进机构改革

第一，建立“国家与地方协议会”政策协商机制。对于各个特区新技术创新项目所需特殊政策，以创设“特例措施”的形式实现突破，通过“国家与地方协议会”协商认可后落实实施。例如，关西圈的智慧社区开放式创新平台建设项目的通过便是采用特例措施。第二，改原有的“事务局”体制为新的“秘书处”。秘书处主要负责维持地方与中央，以及地方与地方之间的信赖关系，共同推进各特区的技术革新。

3. 推动技术的标准化

第一，每个软件程序都需要实现身份认证，并统一各个程序的技术标准，在各个国家战略特区之间形成新的“城市智慧系统（都市OS）”。第二，提高服务的居民满意度，发挥智慧系统的“网络效应”，并及时更新服务内容（比如，名医、名作、授课、物流、购物等）。第三，重视本地居民的积极性，参与“超级城市”建设的企业必须由居民投票选举产生。第四，为打造“标准城市群（Standard City）”，情报信息由政府设立的城市管理平台统一收集，在企业的参与下通过协议会的形式，强制性统一技术标准。

三、十大特区最新重点制度创新

日本十大国家战略特区正加快持续制度创新，目前实际在建项目数58个，审批项目数309个，并不断扩大技术示范、政策改革的试点项目，进而推广到全国。

（一）关西圈：医疗创新基地，创新型人才引入

1. 放宽床位限制，允许新设、增加病床。

2. 扩大“非医疗保险并用医疗”。

3. 解禁外国人参与农业及护理业务。

4. 鼓励发展民宿业务。

5. 促进农畜产物利用率，允许在农用地区设置农家饭馆。

（二）养父市：农业改革基地

1. 农业用地使用权利转移便利化。

2. 企业农业用地取得便利化。

3. 在农业领域导入信用保证制度。

4. 允许在农用地区设置农家饭馆。

5. 新设医学部。

（三）福冈市—北九州市：创业雇佣改革基地

1. 初创企业审批流程精简。

2. 初创企业免税政策。

3. 允许在农用地区设置农家饭馆。

4. 明确雇佣条件。

5. 放宽航空法规限制。

6. 特定类型指定护理。

7. 完善创业人才引进制度。

（四）冲绳县：国际旅游基地

1. 允许在农用地区设置农家饭馆。

2. 特定类型指定护理。

3. 解禁外国人参与农业业务。

4. 初创企业免税政策。

（五）东京圈：国际商务、创新基地

1. 简化都市开发计划手续。

2. 强化城市管理。

3. 设立未来新技术示范中心。

4. 解禁外国医师业务。

5. 允许在农用地区设置农家饭馆。

6. 在护理领域引进外国人才。

7. 简化外国人出入境手续。

8. 设立人才交流中心。

（六）广岛县—今治市：旅游、教育、创业、国际交流基地

1. 明确雇佣条件。
2. 交通站点民营化。
3. 技术示范简化手续。
4. 鼓励发展民宿业务。
5. 简化外国人出入境手续。

（七）爱知县：教育、就业、农业综合改革基地

1. 鼓励发展民营学校。
2. 解禁外国人参与农业及护理业务。
3. 技术示范简化手续。
4. 鼓励发展民宿业务。

（八）仙台市：综合创业改革基地

1. 简化 NPO 法人办理手续。
2. 在一般社团导入信用保证制度。
3. 医药研发免税制度。
4. 优化道路治理。
5. 向民间开放区域管理（放宽道路占有基准等）。

（九）新潟市：大规模农业改革基地

1. 设立特别农业法人。
2. 允许在农用地区设置农家饭馆。
3. 在农业领域导入信用保证制度。
4. 解禁外国人参与农业业务。
5. 鼓励发展民宿业务。

（十）仙北市：农林、医疗改革基地

1. 鼓励有效利用国有林地。
2. 技术示范简化手续。
3. 实施旅游商品开发计划。
4. 放宽农业委员会和市町村的事务分担。
5. 有效利用旧民居等历史建筑物。

为实现日本经济可持续发展，日本通过国家战略特区持续进行规制改革，聚焦专属地域专门领域的集成式、开放化制度供给，以优化营商环境为主线，持续增加技术示范、政策改革的试点，不断推广到全国其他地区，为日本社会带来很多新气象。新时期，日本国家战略特区不断加快政策突破，呈现出三大特点：

第一，特区系统化。充分利用国家战略特区系统，将原来的相对碎片化的国家战略特区，进行“系统化”，发挥起综合竞争力。

第二，超级城市化。通过建立“超级城市”，将日本的国家战略特区打造成世界上设施最先进的地方，维持和强化日本在“超智能社会”的国家竞争力。

第三，城市智能化。加快未来技术的监管改制创新，支撑超级城市建设的主要技术领域积极开展新技术的“沙箱实验”、新技术的标准化等。

本文系 2019 年 2 月前滩综研自主研究成果，相关资料来源于日本内阁府国家战略特区官网。

重返欧洲经济中心之路——法国“工业版图计划”

编译 / 周雨霏　李　帅

导读：近年来，前滩综研始终密切跟踪法国的各类经济产业政策和动向。“竞争力极点计划”（2004—2018 年）是法国首次提出、首次实践并取得成功的概念和战略计划。该计划通过布局71 个极点（产业集群），加强科研创新能力，极大程度上促进了法国经济的发展。2018 年 11 月 22 日，法国总理府宣布启动“工业版图计划”。作为“竞争力极点计划”的延续和升级，它将为那些未充分得到国家政策支持地区的工业带来活力。

一、政策背景

世界范围内贸易紧张局势回归、关税上升和经济增长速度放缓，英国脱欧，这对整个欧洲来说都是一种损失。法国政府极力想摆脱英国脱欧带来的负面影响，并将此时作为重回欧洲经济发展核心位置的合适时机。

法国经济也在其国内传递着积极的信号：①在过去十年里，企业创造了法国最多的工业就业机会；②法国工业总产值的增长已经超过了它的主要欧洲邻国；③法国是 2017 年欧洲工业领域外商投资最多的国家。

但目前法国国内工厂和生产场地相对分散，尤其在一些农村地区和郊区。法国政府认为，只有将科研、创新和产业紧密联系起来，才能使法国在一些主要领域展现出强大的竞争力。为了支持这些地区的发展，必须建立一种符合法国工业现实和工业地理格局的制度，即经济领域的权力崛起，区域委员会和社区委员会的崛起。

在这种情况下，2018 年 11 月 22 日，法国总理在法国全国工业委员会（CNI）全体会议上提出以收复工业版图为目的的“工业版图计划”。这项计划基于法国工业的四个支柱战略（2017 年 11 月，法国推出了一项基于四个支柱的工业振兴战略：提高竞争力、创新、培训、强大的工业版图），旨在把各种工业资源更充分地集中到占全国面积 30%的 124 个工业区域。这是一种新的方法，一种对分散地区的引航。

二、主要内容

“工业版图计划”的对象主要是法国那些农村地区、郊区和中小城市，但它们是具有鲜明工业特征和专业知识的城市，那里所有的参与者包括企业和地方政府，都将被动员起来发展工业。法国政府已经确定的 124 个工业区，集中了半数法国工业就业人口，约 150 万人。各地区政府将与企业家保持紧密的联系，负责介绍自己的发展重点。为了支持这些工业区的发展，法国将采用新方法，以工资增长、利润分享、社会福利和公共服务的形式公平分享财富。这种新方法基于三个原则：定位原则、分散管理原则和资源集中原则。这张工业地图将根据区域的发展情况而不断调整。

三、4 个由政府提供的一揽子服务

“工业版图计划”包括 4 个由政府提供的一揽子服务，并提供 13 亿～14 亿欧元的资金包括：

（一）增强吸引力

法国将努力加快 124 个地区的数字化覆盖，要求地区银行优先为其项目（包括土地）提供资金。法国商务投资署将为每个地区提供吸引力诊断，指定一名出口顾问为其指导。

（二）技能

法国将优先调动这些地区技能投资计划的资源，在法国国家投资银行的帮助下，发展“属区企业志愿服务”。其原则是：以优惠的方式将工程或商学院的学生引向经常需要大量技能人才和服务的中小企业。

（三）创新

工业领域将优先考虑法国刚刚启动的未来工业计划、区域未来投资计划或“区域创新”计划等。

（四）简化规定

法国将在124个工业区内发起“法国实验”项目，允许试错、宽容失败，积极探索用以鼓励企业应用创新的行政监管豁免措施。法国还将优先实施环境标准，应用到正在开发和未来开发的项目上。

四、18个工业部门的战略合同

除了上述政府提供的“一揽子服务”，法国还为工业版图计划配备了“技能投资计划的工业和创新基金”，并开始部署“法国工厂”，将把所有行业汇集在同一旗帜下。计划构建18个工业部门的战略合同。2018年共标记了16个部门，已签署5个部门合同，年底完成剩余的11个部门合同。新标记的2个部门是数字基础设施和安全行业。

这18个工业领域中，有8个将成为未来一展宏图的项目，包括：汽车、化学和材料、海洋工业、食品、木业、铁路、健康、新能源系统。这些项目内容重点包括了行业技术趋势、旗舰项目以及未来发展对策等。如第四代电池和氢气项目，为战胜癌症开展“生物生产”的健康领域项目，氢能列车和食品可追溯性项目等。这是法国所有部长的集体动员，他们将在其专业领域内制定和执行与行业直接相关的目标和政策。

（一）汽车部门

汽车行业在法国工业界具有举足轻重的地位，它是法国拥有最多专利的行业，每年在研发方面投入超过60亿欧元。上游汇集了设备制造商和汽车制造商，一级制造商以及众多来自机械、塑胶、冲压、铸造、电子等不同行业的分包商。下游集中了大量研究所、中小企业和TPE（热塑性弹性体）生态系统的服务公司。2017年，法国仅汽车行业上游环节就包括近4 000家工业企业、40万名员工，营业额达1 550亿欧元，出口额为490亿欧元。

即便如此，法国政府认为，法国汽车行业仍面临许多重大挑战。首先是电动机和能源结构演变带来的技术迭代的复杂性和不确定性；其次面临着智能网联汽车、车载数据平台上的技术问题；最后，由于提供了新的机动性，行业变革可能对原有社会关系造成破坏。

法国政府在2018年5月22日签订了汽车行业的部门合同，作为工业版图计划的一部分，合同目标是在2022年年底将纯电动汽车的销量增加五倍，并将保证道路上无障碍充电点的数量。在电池方面，合同计划推出第四代汽车电池。同时，法国将创建具有竞争力的氢能行业，推广其在交通运输上的应用。

法国工业战略委员会（CSF）在汽车行业开展了自动驾驶汽车的大型实验计划，项目旨在加速自动汽车的发展，还鼓励制造商进行大规模实验并与用户进行真实试验。相关项目征集于2018年11月29日结束，项目将获得未来投资计划4 000万欧元的支持。

（二）化学和材料部门

法国的化学和材料部门共有约8 770家公司，其中95%是中小企业，它们关系着法国33.2万个直接就业岗位，年营业额达1 200亿欧元，每年的投资额约58亿欧元。

化学和材料部门包括化学工业中的基础化学品、石化产品、特种化学品和精细化学品等所有公司，塑料和橡胶加工行业（特别是制造半成品，技术零件或包装）与造纸工业（纸和纸板的制造）。作为最大的天然气和电力工业消费部门，化学和材料部门对能源成本和原材料加工成本特别敏感，这两者极易受到国际竞争的影响。在此领域，法国希望通过鼓励将再生原料加入化工产品和发展化学品回收来实现100%全再生塑料的目标。

CSF致力于加速发展化学品回收，将对若干试点项目进行识别，预计在2年内建立示范点。到2020年，在经济和监管条件允许的情况下，计划投资新产能或改造现有产能，以提高再生原材料的加入量。

（三）海洋工业部门

海洋工业部门在法国拥有约11.5万名员工，平均营业额达

300 亿欧元，其中出口占 60%。海洋工业部门有四个组成部分：海军工业、海洋可再生能源、航海、近海工业和服务。海洋工业部战略委员会的一个重要问题是加强这四个组成部分之间的凝聚力，强调四个优先事项：重组部门的研发治理、企业的数字化转型、加强海上工业工作的吸引力、加强法国在国际贸易中的份额。

2018 年 10 月 29 日，法国在海洋工业部门签署了合同，合同规划了海洋工业区将创建 10 个标志性的工业区，并确定三个主要研发项目：自主船舶、无碳化和新材料。到 2020 年，海洋工业研究与创新委员会将开发一个数字平台，在国家财政支持下，为行业参与者制定共同标准。

该部门同时计划在 2019 年年中之前与劳动部达成协议，制定适当的培训计划，每年为 16 个稀缺人才岗位招募 1 000 人。

（四）农业食品部门

法国农业食品部门包括加工农产品和食品的公司，其中 98% 为中小企业，40%的劳动力分布在肉类和奶业，农业食品合作社占该部门营业额的 40%。该部门有 18 365 家公司，年营业额达1 706 亿欧元，其中出口占 22%。

法国食品行业市场份额近几年正在大幅下降，消费者对行业的失信问题也变得越发关注。消费者的需求越来越复杂，不仅涉及健康和经济因素，还涉及社会和环境因素。但同时，机遇与挑战并存，科技加速发展是满足这些新需求并使行业重新获得发展能力的契机。

CSF 的旗舰项目 Num-Alim（一种数字食品目录）汇集了农业食品部门的各个环节，它预计 2020 年完工，项目由三个部分组成：①建立食品的数字身份证并将其收集在一个数字目录中；②创建法国食品平台，提升消费者、农业综合企业和科研的数据价值；③通过数字和自动化工具确定整个食物链中食物的可溯源性。

（五）木材部门

法国本土有 1 650 万公顷森林，位列欧洲第四，森林木材行业拥有 6 万家公司，创造了 36.455 万个直接就业机会，年营业额达到了 530 亿欧元。法国森林木材部在纸板、包装、建筑、绿色化学和能源市场上将部门的上下游活动结合在了一起。该部门致力于森林资源的可持续利用、发展终端市场、支持创新和投资、改善行业的环境绩效。

2018 年 11 月 16 日，法国签署了 2018—2020 年的供应链合同，合同围绕三个方面构建：①“人居环境：明天木材”项目；②将木结构和木制配件解决方案应用到 2024 年巴黎奥运会和残奥会中；③行业公司的技术提升。

（六）铁路部门

法国铁路凭借其在高铁、自动地铁、有轨电车、APS 轨道供电系统、飞机方面的技术专长，目前在中国和德国之后位居世界第三。铁路行业有 3 万名员工，310 个国际铸造论坛（IFF）成员公司，采购经理指数（PMI 指数）约为 250，年营业额约为 40 亿欧元，其中出口为 1 亿～15 亿欧元。

CSF 的铁路项目的合同正在进行中，计划项目旨在开发区域零排放列车，采用氢电双模式，可以在整个网络中循环，无论是否通电，都可以不使用柴油发动机。部门主席阿尔斯通提议，2022 年在法国投入使用第一辆氢能列车，然后逐步更换柴油车队，到 2040 年，铁路运输将完全脱碳。

（七）健康部门

发达国家人口老龄化、多因素慢性病、传染性疾病一直是法国公共卫生事业面临的重大挑战；同时，新兴国家在公共卫生业上的需求旺盛，这使新兴国家健康解决方案的增长速度将高于全球增长速度。因此，法国增强了在这一领域的研究实力并扩大了生产结构。法国在健康部门拥有 3 100 家公司，45.5 万个直接和相关工作（包括 3 万个研发工作），年营业额达 900 亿欧元，其中 35%用于出口。

（八）新能源系统部门

法国新能源系统部门包括 1.5 万家公司，提供了 15 万个直接就业岗位，年营业额达 230 亿欧元。该部门现阶段优先进行的工作重点是开发可出口的微电网解决方案、完善行业中小企业的加速机制以及加强巩固法国在设备和解决方案市场上的工业报价优势。

法国每年消耗 100 万吨氢能源，氢能的无污染、燃烧值高、资源广泛对法国具有重要的环境意义。然而，只要氢能的开发利用技术没有得到更广泛应用，它们仍然比传统方法更昂贵。

CSF 在该领域的项目旨在发展具有竞争力的可再生碳氢产业，将支持自主研发、生产较少依赖进口的再生能源车型；支持大型化工厂、炼油厂等使用新的生产技术；支持发展具有竞争力的国家级碳氢产业基地；支持清洁能源的新用途开发等。以上这些部署与运输部门（汽车、航空、铁路、海军）的需求有良好的联系，新能源系统部门将以协调的方式开展工作。

（九）数字基础设施部门

法国的数字基础设施部门拥有完整的工业价值链，并有众多与此行业息息相关的企业和民众。该部门有 1.3 万家公司，28 万名员工，年营业额达 520 亿欧元。该部门发展目前面临三项挑战：①固定和移动超高速宽带（HD）的部署；②5G 和物联网（IoT）实施结合在监管层面的挑战；③对数字基础设施的信任问题。

CSF 的数字基础设施创建十分有意义，它将允许设置特别针对中小企业多站点和多运营商网络中的 5G 实验平台、搭建 5G 和地区交易桥梁的统一标准系统等。

（十）安全部门

在物理和数字环境多样化威胁的背景下，法国安全行业的发展要应对保护国民和保护经济的双重挑战。法国在此部门有超过 4 000 家公司，13 万名员工，年营业额达 250 亿欧元（年均增长率为 6%），出口营业额达 130 亿欧元。

安全部门是在 2013 年法国总理设立的安全行业委员会框架内构建的，用来更好地应对出现的安全挑战。

在创新和卓越的领域内，研究和技术成为 CSF 的一个主要关注点，如数字身份、大数据和 AI。法国安全部门将侧重于在已经确定的关键领域特别是在网络安全方面，基于国家或欧洲层面制定主权解决方案。它将继续建立示范平台，在诸如安全城市、敏感站点保护或未来行业安全等主题上进行部署。

考虑到巴黎2024年奥运会，CSF安全行业最终将允许行业价值链中的所有利益相关者在法国展示真实的综合工业安全解决方案，鼓励出口并推进安全技术使用框架。协调国家服务和工业家的行动，以确保法国出口产品的成功，并在国际安全领域建立出众的法国品牌。

（十一）其他8个工业部门

最后，工业版图计划将在以下五个新的战略领域中产生相应的线路图：①应对金属资源供应脆弱性的路线图；②提供未来工业加速平台的路线图；③关于发展法国出口的国际战略，特别是海外中小企业活动的路线图；④制定减少各部门二氧化碳排放量的路线图；⑤研究应对2024年奥运会和残奥会经济发展机会的路线图。

法国的“工业版图计划”是一次对工业园区、土地资源、创新要素、政策规定等的全要素整合（见下表）。其目标是使法国以创新和产业重回欧洲经济发展核心地位。在18个战略部门中，没有仅仅选择战略性产业和新产业门类，而是结合法国工业的实际情况，通过准确识别产业技术变化趋势，利用创新促进产业迭代，推动传统优势产业向高级化转变。

表　法国“工业版图计划”中的其他8个工业部门未来动向

序号	名称	未来动向
1	采矿和冶金部门	（1）更好地开发和共享行业数据，加快矿业和冶金业的数字化转型； （2）开发锂电池综合回收网络
2	航空航天部门	（1）开发新一代产品和服务，例如减少飞机驾驶舱、客舱和连接航空电子设备，开发安全航行无人驾驶飞机； （2）支持中小企业的数字化转型，提高生产灵活性，降低生产成本
3	电子业部门	（1）开发新兴市场；推进“纳米计划2022”； （2）利用区域平台，推动部门向未来可持续电子产业转变
4	时尚与奢侈品部门	（1）在培训和技能方面，完成时装学校项目（Grande Ecole de Mode）；通过技术行业的学徒培训来保护技术秘密； （2）在创新与数字化方面，开发新纤维、仪表和智能纺织品；利用数字技术在供应链中实现可溯源性；确定纺织品回收的主要制动器

续表

序号	名称	未来动向
5	水资源部门	（1）提高法国工业成就和示范区（水处理、卫生技术、网络技术等）的国际意识； （2）提高数字化程度以优化基础架构维护；构建法国水生物技术网络（生物测定和生物传感器），用于检测和处理新污染物
6	核工业部门	（1）加快行业的数字化转型，创新供应链构建； （2）根据未来需求建立保质保量的培训计划
7	建筑部门	（1）为企业提供数字交换环境，加速行业数字化转型； （2）善用通讯材料，优化建筑和翻修过程，减少事故的发生
8	废物的处理回收部门	（1）开发机器人技术和人工智能算法，优化废物分类； （2）与营销人员就可回收性问题进行合作

数字基础设施和安全这两个新增的部门，在法国“工业版图计划”中的战略地位值得关注。法国意图借助数字化加速法国工业结构的转变。在其他 16 个部门里随处可见相关数字化项目或转型目标。或许，这才是“工业版图计划”的最好诠释。

本文系 2018 年 12 月前滩综研根据法国全国工业委员会官网有关资料编译。

东方经济论坛：俄罗斯远东战略的重要布局

文 / 胡志仁

导读：2018 年 9 月 12 日，习近平主席应邀参加俄罗斯 2018 年第四届东方经济论坛，并作了“共享远东发展新机遇，开创东北亚美好新未来”主旨演讲。这是中国国家主席首次出席“东方经济论坛”，也是新时代中俄关系发展史上的重大里程碑事件，将为中俄全面战略协作伙伴关系和东北亚发展注入新的强劲和持久动力。

一、东方经济论坛，俄罗斯意欲何为

俄罗斯远东地区资源储备丰厚，蕴藏着丰富的油气资源。已发现和探明的矿物有 70 多种，集中了全俄 84%的金刚石矿藏；已探明铁矿石 44 亿吨；已探明煤田 100 多处。该地区在农业和养殖业方面也具有巨大的发展潜力。但是受历史、地理和政治等因素影响，开发速度缓慢，严重影响了俄罗斯的崛起。此外，2014 年乌克兰危机爆发后，美国与欧盟对俄罗斯进行外交围堵、军事打压、经济制裁，而俄罗斯与亚太国家则一直保持良好的政治关系。

在这种“内忧外患”的情况下，为了摆脱外交和经济困局，增强国家发展动力，俄罗斯提出了“双头鹰”战略。2015 年，俄罗斯总统普京签署总统令，举办两个国际经济论坛：一个是圣彼得堡经济论坛，是俄罗斯融入西方的重要平台；另一个就是在远东城市符拉迪沃斯托克举办的东方经济论坛。

二、俄罗斯“双头鹰”战略

东方经济论坛作为一座桥梁，将俄罗斯远东地区与东亚各国联系起来，在促成更多经贸合作、达成政治共识的基础上，改善俄罗斯东西部地区经济发展失衡的状况，促进区域间平衡发展，以实现俄罗斯强国目标。经过前三届的积累，东方经济论坛逐渐成为俄罗斯发展远东西伯利亚地区，融入亚太经济的一个重要平台，同时提升了俄罗斯远东西伯利亚地区在亚太经济合作中的地位，是俄罗斯“向东看”政策中引人注目的举措（见表1）。

表1　历年东方经济论坛简介

举办时间	主题	签署协议和投资总额
第一届 2015.9.3—2015.9.5	俄罗斯经济现状和远东投资吸引力	签订了80份协议，投资总额达1.3万亿卢布，60%多的协议转化为合同
第二届 2016.9.2—2016.9.3	开放的远东	签订了214份协议，投资金额为1.9万亿卢布
第三届 2017.9.6—2017.9.7	远东：创造一个新的现实	签订了217份协议，投资金额2.5万亿卢布
第四届 2018.9.11—2018.9.13	远东——拓展潜能界限	签订了220份协议，总投资额为3.1万亿卢布

近年来，俄罗斯与亚太地区贸易不断加强。2017年，亚太经济体在俄罗斯对外贸易中所占份额为30%，俄罗斯计划在未来几年将这一贸易份额增加到50%，甚至可能达到60%～70%。

三、本届论坛的主要看点

第四届东方经济论坛的主题为“远东——拓展潜能界限”。论坛讨论了世界经济、地区一体化、新工业科技领域发展，俄罗斯及其他国家面临的全球挑战等重要问题。

亚太地区是世界经济的火车头，加强同亚太地区相关国家的关系对俄具有战略意义。此次论坛的主要任务是加强国际投资者、俄企业界、国家和地方政府部门之间的联系，评估俄远东地区的经济潜力，讨论如何提高该地区的竞争力和投资吸引力，以及展示新的投资和商业机会，如经济特区，符拉迪沃斯托克自由港和国家对高潜力投资项目的支持（见表2）。

表 2　第四届东方经济论坛关注的四大领域

投资者支持机制	远东优先领域	国际合作项目	民生改善议题
围绕跨越式发展区及符拉迪沃斯托克自由港的成果和前景，讨论投资者权利保护、支持中小企业及高科技项目，以及在远东开设俄第一家离岸公司等问题	讨论有助于推动经济增长的发展领域，包括林业、农业、渔业、油气加工业、旅游业及港口基础设施等	讨论俄远东地区与周边国家的经济合作前景、发展远东运输走廊对亚太地区的重要性，以及在远东建立国际医疗集群等问题	主要讨论远东地区的人口、卫生、科教、民生、文化及发展城市环境等问题

本届论坛与往届最大的不同在于更多关注企业家、投资者对地区经济发展的重要性，更强调有助于推动经济增长的重点领域和民生项目。

四、俄罗斯“向东”战略对中国的影响

当前，中俄关系处于历史最好时期，两国互相支持对方的重大倡议和发展战略，两国元首相互出席对方举办的重大活动，均是两国关系高水平的重要体现。

中俄贸易规模不断扩大。据中国海关统计，2017 年，中俄两国贸易总额达到 840.7 亿美元，同比增长 20.8%；在能源产品保持稳定的基础上，中俄机电和高新技术产品贸易保持快速增长。农产品贸易稳步攀升，其中食品贸易已经成为中俄双边贸易的新增长点。2017 年，中国从俄罗斯进口的食品贸易额已超过 30 亿美元，占俄食品出口额的 11%，成为俄食品第一大进口国；2016 年，中俄电商贸易额约 23 亿美元，占俄跨境电商贸易总额的 54%。

中国对俄投资显著增长。2017 年投资 22.2 亿美元，同比增长 72%，在俄新签工程承包合同额同比增长 191.4%。中国投资者投资的项目数量迅速扩大，从 2016 年的 9 个扩大到 2017 年的 32 个，特别是在俄罗斯的远东地区，仅滨海边疆区就有 600 多家中资企业。同时，中俄两国融资、保险、证券、支付、银行卡等领域的金融合作深入推进，中国五大国有商业银行与俄同业银行共建立了 300 多对代理行关系，银行间合作日益密切。

中俄战略性合作项目相继落地。2017 年 7 月，中俄两国元首就加快能源、核能、高铁、航空航天、基础设施等领域的战略性大项目合作达成了重要共识，指明了双方合作发展的方向（见表 3）。

表 3　中俄战略性合作项目大事件

时间	合作项目大事件
2017.7	2017 年 7 月国家主席习近平在会见俄罗斯总理梅德韦杰夫时表示中俄两国要开展北极航道合作，共同打造“冰上丝绸之路”，落实好有关互联互通项目
2017.8	黑龙江省黑河市与俄罗斯布拉戈维申斯克之间的公路桥项目工程建设按计划推进，大桥路线总长 19.5 公里，整体工程计划于 2019 年前完工
2017.9	中俄远程宽体客机已正式命名为 CR929，项目研制进入实质阶段
2017.11	中国交通建设股份有限公司将参与“滨海 1 号”和“滨海 2 号”国际交通走廊开发项目。项目完成后，黑龙江和吉林两省的货运能在滨海边疆区南部港口实现 4 500 万吨的货物中转运输
2017.12	中俄重大能源合作项目中俄亚马尔液化天然气 LNG 项目正式投产，该项目是“一带一路”倡议后实施的首个海外特大型项目，也是目前全球最大的液化天然气项目。项目建成后，中国每年可以从这个项目获得 400 万吨的液化气，为我国的清洁能源供应提供基础

此次论坛中，中国和俄罗斯合作成果丰硕，涵盖医疗、教育、能源、交通、轻工、商贸等诸多领域（见表 4）。中俄合作交流延续了双方近年来互办国家级主题年活动的良好传统，旨在着力打造两国务实合作“升级版”，实现双边合作领域“全覆盖”。

表 4　第四届东方经济论坛中俄合作项目

领域	合作项目
交通	在符拉迪沃斯托克和中国边境城市绥芬河之间建设高速公路的项目。该项目的成本估计为 70 亿美元，高速公路的长度为 180 公里
教育	华为和俄远东联邦大学将建信息技术学院
医疗	1. 俄罗斯制药公司 Biocad 与上海医药投资有限公司将在中国成立合资企业生产治癌药物。至少 6 种药品将进入中国市场 2. 俄中两国将在俄成立生物技术实验室。将重点进行遗传和分子研究，以帮助诊断和治疗包括肿瘤疾病在内的重大疾病
能源	1. 俄气公司与中国石油天然气集团已经谈妥所有技术条件。未来供气量约为 300 亿立方米天然气 2. 俄石油与北京燃气集团或在俄共同建设 160 座汽车加气站。确立了在俄建设和运营汽车压缩天然气（CNG）加气站网络的合资企业

续表

领域	合作项目
娱乐	俄联盟动画电影公司正与中国同行讨论创作合拍动画片
商贸	阿里巴巴集团与俄罗斯直接投资基金、互联网公司 Mail.Ru 集团、俄罗斯第二大移动运营商 MegaFon 宣布建立新的战略合作伙伴关系，合资成立新公司 AliExpress Russia（全球速卖通俄罗斯公司）。这是中俄两国企业首次组建大型合资企业，该交易预计将于 2019 年第一季度完成 在本次论坛上，马云还向普京总统提出了四项建议，用 E-road 推动“一带一路”、加强中俄技术合作、发展贸易、旅游、技术、培训，加大对小企业和年轻人的支持
城市合作	俄犹太自治州同中国签署新项目协议 1. 与宇通公司客车生产的物流建设 2. 与辽宁省农业园签署协议，中国与俄公司共同组织农产品生产工作

与往年相比，2018 年的东方经济论坛格外引人注目。既体现了中俄双方在新形势下巩固两国战略协作的高水平，也预示着中俄经贸合作将以加强地区合作为契机助推两国经贸关系进入新阶段。在当前逆全球化思潮、贸易保护主义、单边主义抬头的背景下，中俄必须开发新的市场、新的经济链，才能推动区域经济稳定发展。第四届东方经济论坛即依据这一想法设置论坛议题。论坛表明，中俄两国的合作是不可阻挡的，两国的关系需要进一步加强。

俄罗斯远东地区的发展与中国振兴东北老工业基地战略息息相关。2018 年 9 月 25 日至 28 日，习近平总书记在东北考察调研期间指出：“东北地区是我国重要的工业和农业基地，维护国家国防安全、粮食安全、生态安全、能源安全、产业安全的战略地位十分重要，关乎国家发展大局。”与此同时，自 2018 年以来，随着中朝最高领导人多次会晤，以及朝美领导人在复杂背景下的首次会面，我们有充分的理由相信，东北亚地区将迎来前所未有的巨大变革——地缘政治格局逐步稳定，经济稳步向前发展，产业结构持续优化，国际合作不断加强。

本文系 2018 年 10 月前滩综研自主研究成果。

看德国柏林游戏产业如何兴起

文 / 李　帅

导读：当前，上海正全力打响"上海文化"品牌，加快建成国际文化大都市。"上海文创 50 条"等政策也提出要着力推动上海文化创意产业的升级与发展，其中以游戏产业作为创新发展的重点领域。而上海如何将游戏产业做大做强，打响"上海文化"品牌，德国柏林为我们提供了很好的范例。

2018 年 3 月，柏林市府经济能源产业部发布了《柏林游戏产业报告》。本文对该报告进行简要介绍，解析柏林游戏产业的发展现状及其主要做法，也为上海发展游戏产业提供一些借鉴。

一、德国柏林游戏产业的总体情况

柏林作为德国的经济和政治中心，凭借高质量的环境、丰富的商业机会、相对低廉的生活成本和浓郁的文化氛围，正在吸引越来越多从事互联网和创意行业的年轻人和初创企业。柏林已经发展成为德国初创企业的首都，拥有全德最为开放的风险投资环境，享有"欧洲硅谷"的声誉。

除了互联网企业，文化创意产业无疑是柏林傲立于欧洲各大名城之列的重要标签，柏林 2030 年城市发展规划中也提出打造成为世界文化创意中心。作为该计划的重要一环，不得不提及柏林近几年来迅猛发展的游戏产业。在过去的 10 年里，柏林游戏企业的数量增长了近 70%，在全德 16 个联邦州中排名第一，游戏产业 2017 年的总营业额达到 2.55 亿欧元。其游戏产业总体呈现出以下几个特点。

（一）规模位居德国前列，增速较快

就游戏产业规模来说，黑森州以 7.5 亿欧元的年营业额位居德国榜首，黑森州的领先，主要原因是如 EA、Nintendo 和 Sony 等大

型跨国游戏产业巨头在法兰克福的集聚。而数量众多的年轻中小型游戏企业的集聚，使柏林稳居全德第五。另外，柏林政府层面的大力扶持、本土中小企业的不断壮大和诸如 Epic Games、Gamevil 与 Smilegate 等大型游戏企业的投资计划，使柏林近 5 年的游戏产业营业额增速连年高于 7%，大有后来居上的趋势。

（二）以中小型企业为主，产业链环节完整

柏林以近 140 家游戏公司在数量上位列德国第一。但与拥有诸如 EA、Nintendo 等大型跨国游戏巨头的黑森州相比，柏林多以小型和中型企业为主（其中最知名如 Wooga、Yager 等）。据官方统计，柏林并没有大型游戏企业。

虽然规模较小，但柏林绝大多数游戏公司都为集研发、发行和销售为一体的混合型企业（hybrid company）。这类混合企业占柏林游戏公司总数的近 67%，这就使柏林的游戏产业涵盖了从研发到销售发行中的几乎所有重要环节。

（三）企业年轻而充满活力，双创活跃度高

年轻与活力也是柏林众多游戏企业的另一大特点。与黑森州（10.5 年）、北莱茵-威斯特法伦州（7.9 年）、巴伐利亚州（7.9 年）、汉堡（6 年）、巴登-符腾堡州（5.9 年）等其他联邦州相比，柏林的游戏企业的平均成立时间仅为 4.2 年。而这些年轻企业的成长速度却很惊人：据估算，柏林一家游戏公司从成立到年营业额达到 100 万欧元平均仅为 6 年。

以盈利或亏损/净销售额计算企业销售利润率，可以发现柏林有 39%的游戏企业 2015 年仍处于研发投入期（负销售利润率）。这一结构性特点，说明柏林有很大比例的企业仍然处于首款游戏开发阶段（缺乏上一款游戏销售阶段的资金循环），甚至正同时开发多款游戏，尚未进入销售回报期，柏林整个游戏产业的发展空间依然巨大。

二、柏林游戏产业的发展经验

（一）良好的高校企业协同制度，源源不断的人才支持

随着柏林游戏产业的不断兴起，柏林的众多高校主动调整自身

的专业设置与教学模式，以应对企业对人才的需求。柏林游戏产业涉及研发—生产—销售各个环节，因此，游戏产业所需的人才几乎涵盖整个产业链。基于这一特点，区别于其他联邦州较为笼统的专业设置，柏林11家高校与教育机构现已开设了共计25个不同的细分化的游戏相关专业。从游戏设计、游戏制作、游戏编程、游戏图像、游戏引擎、2D/3D技术到游戏市场/销售等，都设有相应的本科课程，使人才的培养更细分化和有针对性。2016—2017学年，柏林游戏相关专业有近1 200名注册在校学生（参照柏林游戏从业人员总数约为1 900人），游戏行业的人才储备十分充足。

（二）健全的金融和公共基金保障制度，为企业提供资金

除了传统的自投、风投等融资形式，柏林市府旗下的经济能源产业部为柏林的新兴游戏企业提供了由柏林投资银行（Berlin Investment Bank）牵头的各种投融资项目，如区域经济提振项目、VC基金、柏林创新项目、柏林创业项目等。据统计，在柏林的138家游戏企业中，有38%的企业使用过政府层面的各类融资项目筹集资金至少一次，这一比例位于德国首位。

此外，公共层面对柏林游戏产业的金融支持力度也空前强大。柏林勃兰登堡媒体联盟公共基金在2016年为游戏行业提供了80.5万欧元的资金支持，这一数字远远高于其他联邦州的类似公共基金，近一半的柏林游戏企业从中获益。

（三）企业较为活跃的创新意识，强调游戏产业的创新应用

近年来，柏林的游戏企业十分注重游戏产品、组织与营销方式的突破，率先提出了诸如单一付费等概念。2016年，柏林36%的企业在原有的游戏产品上有所突破，近15%的企业在原有的商业流程、组织架构和市场营销等方面有所变革，各项数据均处德国领先水平。

另外，柏林开始将文化创意产业与科技相结合，打造跨界融合的游戏产业。近年来，3D可视化、VR、AR等其他行业的技术成果越来越多地被应用于游戏产业。德国游戏企业在可视化领域的技术应用程度很高，据2016年统计，有23%的游戏企业在产品中运用了VR或AR技术，位列世界前列。而在柏林，这一比例高达37%。

柏林游戏企业还率先提出了“严肃游戏”（Serious Games）的概念，努力将游戏产业最新的模拟与数字化技术推广到诸如城市规划、公共教育、军事训练、飞机起降训练与外科手术等非游戏领域，为游戏产业带来了新的增长点和发展空间。例如 2017 年初，大众的工程师与 Exozet 公司合作，利用该公司的 Realtime Game 游戏引擎，在不到半年的时间里完成了原本需要大约一年时间才能完成的车辆设计工作。2018 年 3 月，“严肃游戏”这一概念已得到了欧洲创新协会的关注和资金支持，被命名为 GATES 项目（Applying Gaming Technologies for Training Professionals），将成为柏林游戏产业未来几年的重点发展方向。

（四）较为便利化的营商环境

对于众多中小型游戏企业，政府通过各方面的创新扶持，努力营造便利化的营商环境。柏林市府每年拿出近 50 万欧元的预算，通过减免税收的方式，补贴员工人数少于 100 人的游戏企业用于研发投入，使这些企业的平均研发成本下降了近 10%，补贴力度远高于德国其他地区，这一举措大大减轻了众多新兴企业的创新成本压力。除此之外，相对低廉的创业成本。包括维护成本、税收和租金在内，在柏林设立办公室的年均成本约为 8 410 美元，而纽约和伦敦均超过了 1.4 万美元。针对柏林游戏企业的创业团队以外国人为主的特点，政府推出了房租控制机制等保障外国人的居住功能，比如针对创业团队资金的需要而推出微型贷款政策。

另外，在游戏产业的基础设施建设方面，柏林有两家以游戏为主题的博物馆，Computerspielemuseum（世界上第一家以电子游戏为主题的博物馆）和 Game Science Center，分别介绍电子游戏的过去与未来。另外，经常举办比如柏林 Quo Vadis 游戏开发者大会、柏林国际游戏周等大型游戏公共活动。柏林国际游戏周是全球顶尖的游戏界跨行业、跨文化的盛会，每年有上万的专业人士和玩家参与盛会，推动柏林游戏产业氛围更加浓厚。

上海正全力打响“上海文化”品牌，加快建成国际文化大都市。

做大做强文创产业，游戏产业必不可少。目前，上海的游戏产业呈现出龙头企业数量不足，中小企业居多的特征，这方面与柏林目前的游戏产业较为相似，因此非常值得借鉴柏林游戏产业的发展经验。在人才培养方面，高校主动对接市场，双向感知、双向互动，使培养的游戏人才更富实用性；在技术创新方面，鼓励企业自主创新，特别是对新概念、新技术的转化应用能力，积极寻找游戏产业与其他行业的契合点，这也要需要政府在相关公共服务平台方面穿针引线；在资金保障方面，积极与市场合作，更大力度地对游戏企业特别是初创企业的金融扶持力度。此外，提升游戏产业便利化的营商环境，加快“走出去”和“引进来”步伐，做好游戏产业的公共活动和对外传播等也显得至关重要。

本文系2018年5月前滩综研自主研究成果。

美联储利率政策猜想

文 / 叶树声　吴昀华

导读：2019 年 7 月，围绕美联储下一步可能的利率政策，前滩综研开展了多次内部研讨，仍存在较大分歧，甚至针锋相对。本文为降息派意见。

美联储作为“美国央行”，享有特殊的独立性。其决议不受美国总统和立法机关所影响，具有制定美国的货币和金融政策、掌控银行利率的巨大权力。在此背景下，美联储的每一次加息或者降息都会对美国乃至全球带来重大的影响。

2019 年 6 月，美国劳工部发布数据显示，尽管失业率仍然处于 50 年来的最低点，但是五月份美国就业增长大幅放缓，非农就业人数仅增加了 7.5 万人，相比于上月的 26.3 万人环比下降了18.8 万人，较上年同期的 21.3 万人同比下降了 13.8 万人。这一数据表明美国经济增长或面临放缓的趋势。在这种前提下，降息可以大幅度地刺激市场和股市。但真正决定降息的原因究竟是由哪些构成的呢？

一、美联储降息的主要原因

纵观历史，美联储的降息往往都离不开这两大原因。

（一）经济危机爆发，造成经济出现严重衰退

1989—1992 年：1988 年储贷危机爆发，引发了对经济衰退的预期，首次降息前一个季度 GDP 增速降低了 0.7 个百分点。宽松周期开启之后，1990 年海湾战争爆发导致油价的上涨，经济加速衰退。

2001—2003 年：“互联网泡沫”破灭引发经济增长和就业预期出现折转，季度 GDP 增速从高点回落至 2.3%后，降息周期开启。

2007—2008 年：次贷危机爆发，房价暴跌。全球陷入金融危

机，经济急速恶化，季度 GDP 增速从高点回落到 2.9%后，降息周期开启。

（二）海外市场动荡等因素导致美元升值预期强烈

1984—1986 年：美元在 20 世纪 80 年代前期大幅升值，1980 年至 1984 年 8 月降息之前，美元指数涨幅 65%，最高达到 160。当时全球经济疲弱，新兴市场的债务问题严峻。在此背景下，美国大幅降息一方面为了缓解美元升值对自身的压力，另一方面可以刺激全球需求。

1995—1998 年：在全球市场动荡影响到美国出口和汇率稳定的背景下，美联储曾经阶段性降息 125 个基点。当时新兴市场危机引发了一系列的蝴蝶效应，如 1994 年墨西哥危机、1997 年亚洲危机、1998 年俄罗斯危机。新兴市场危机给美国经济造成了波动，导致美元升值，美联储选择以宽松的货币政策来应对风险。

截至 2019 年，美联储自 2015 年 12 月启动本轮加息周期，至今已累计加息 9 次。基准利率由 0.25%上升到 2.5%。纵观全球，当今美国经济增长减速，可能会对世界经济的发展造成影响。

美联储主席鲍威尔在 2019 年 7 月 10—11 日国会听证词上的发言，主要表达了以下几点内容：

① 鲍威尔被问及 7 月 5 日发布的就业报告（失业率仅3.7%）是否改变了其可能降息的前景，鲍威尔直接回答“不”。

② 鲍威尔认为制造业的疲软现在是一个严重的问题。

③ 鲍威尔其实对目前美国经济的看法倾向于悲观。他认为虽然消费者支出看起来不错，但商业投资增长已经放缓，住房和制造业需求正在下降。总体而言，他不认为这是一个健康的现象。

④ 鲍威尔说，工资并没有如过去那样上涨。虽然 3.7%的失业率很低，但若认为劳动市场过热，你需要看到过热的理由（言下之意现在并没有看到）。

由此可见，鲍威尔对美国经济形势并不乐观。结合特朗普政府不断施加的压力，美联储的降息基本已成定局，且大概率会发生在 2019 年。根据美联储发布的 2019 年议程时间表，2019 年还剩余 4 次会议，分别在8月1日、9月19日、10月31日和12月12日。因此，美联储降息的消息很可能就在这4个日期中发布。

二、美联储下次加息预测

首先，美联储加息的“息”并不是大众通常所认为的存款利息。这个“息”指的是联邦基金率，即“隔夜拆借利率”。加息意味着提高银行与银行之间短期借款的利息，银行之间互相借款的利息增加了，银行就不得不靠提高存款利息来吸引更多的资金存入银行。这是一种防止经济过热、对经济降温的政策手段，能够有效地提高企业的融资成本，且对消费有一定的抑制作用。因此，加息必须在就业、消费等基本面指标好转或表现优秀的前提下进行。

加息会直接导致美元升值以及外币贬值，并吸引大量的资金流入美国，从而导致一些国家面临经济问题；随后由美国资本低价收购标的物，从而达到洗劫全世界的效果。2015—2018年，美国持续加息，世界各国为了防止美元储备外流，不得不采取紧缩的货币政策。诸多国家经济困难，大量企业因为资金短缺面临倒闭。在美国持续加息的过程中，俄罗斯、巴西、阿根廷、委内瑞拉、土耳其、伊朗等国家先后发生经济危机，中国、欧盟等国家和地区的经济也面临考验。

通常，美联储的加息应当遵循经济的客观规律。根据美联储官网发布的文件，加息的理由是就业强劲、失业率低。但美联储加息结果的实质与特朗普政府的政策背道而驰。事实上，美联储加息会导致企业的融资成本提高；而特朗普却正在大力实行“减税计划”，试图依靠加强企业的盈利来帮助美国经济的全面复兴。特朗普一直在致力于美元贬值，从而提升美国的出口竞争力，有利于发展美国中高端制造业。由此可见，从某种意义上而言，美联储的一系列加息其实是在和美国总统特朗普“对着干”。这也不难解释为什么特朗普会公开表达想要开除美联储主席鲍威尔的想法了。

从美联储的角度来看，开始于2015年12月的一系列加息，除了他们所认为的维护美国经济以外，更是一场针对全世界的“金融战争”。最大的得益者其实是美国的各大资本。在加息之后，大量美元回流美国，在其他国家经济遇到困难之后，他们利用美元作为全球货币的优势不断进行抄底从而获取暴利。考虑到特朗普政府以及美国民众当前的呼声，笔者觉得短时间内美联储应该不会考虑加息。

特朗普 2019 年 6 月 18 日宣布连任竞选，美国总统竞选结果将于 2020 年 11 月揭晓。特朗普为了自己成功连任，必然会不断向美联储施压。如果美联储再次加息，以特朗普的风格，不顾一切“炒掉”美联储主席也不是没有可能。

因此，笔者认为至 2020 年 11 月之前，美联储可能会不止一次降息。新一任的总统竞选对美联储的决定有着至关重要的影响。如果特朗普连任，大概率美联储短时间内并不会加息。但如果是其他民主党候选人，如美国原副总统约瑟夫 · 拜登当选，只要他们不像特朗普那样给予美联储过多压力，美联储应该会在短时间内重启加息。当然那时美国经济的发展也起着至关重要的作用。由此可见，美联储未来的决策有着极大的不确定性。

在余下不到 1 年的任期中，特朗普会不断要求美联储加大降息力度，竭尽全力阻止美联储有关加息的所有想法，力争让经济形势达到最佳，从而确保自己可以连任。

特朗普在第一个任期的主要目标是重振美国的中高端制造业并且引导美元贬值。只要这个目标不改变，他就会对美联储不断施加压力。当然，美联储具有自己的独立性。失业率和通货膨胀是美联储考虑是否加息的两个重要指标。当今的美国社会失业率已经达到了 50 年来的最低点且暂时没有通货膨胀的风险。只要失业率持续保持稳定，美联储很可能在下一任总统选举结果出现前后这段时间再次加息。

所以我们认为，下一次加息时间可能发生在 2020 年 12 月到 2021 年 12 月这一段时间。

本文系 2019 年 7 月前滩综研自主研究成果。

篇目及作者索引

（按姓氏笔画排序）

作者	职务	篇　名
马学杰	上海陆家嘴股份有限公司监事会主席	•《给村支书的一封信》
叶树声	路易斯克拉克大学经济学专业在读本科生	•《“95 后”留学生看沪甬制造业》 •《美联储利率政策猜想》
刘文富	上海前滩新兴产业研究院副秘书长、首席研究员，教授	•《打造具有全球影响力的金融信息高地》 •《“看不见硝烟的战争”悄然进行，网络安全如何“全域”治理》
向际森	上海前滩新兴产业研究院产业分析师	•《上海郊区 2035 发展愿景简析》 •《“混而有序”，激发夜经济活力》 •《上海发展互联网产业：局部像硅谷，整体像纽约》 •《发挥上海龙头带动作用，加快三大重点区域建设》
李　帅	上海前滩新兴产业研究院区域经济研究中心（新城市实验室）主任	•《美国“制造业回归”引发生产力新变局》 •《新加坡“RIE2020”计划中期评估解读》 •《日本国家战略特区新动向》 •《重返欧洲经济中心之路——法国“工业版图计划”》 •《看德国柏林游戏产业如何兴起》
李润楠	上海前滩新兴产业研究院产业分析师	•《“混而有序”，激发夜经济活力》 •《发挥上海龙头带动作用，加快三大重点区域建设》
吴　蓉	上海前滩新兴产业研究院特聘研究员	•《免于复制推广的创新生态系统》
吴昀华	上海前滩新兴产业研究院秘书长、首席研究员	•《关于“全球服务商计划”的若干初步设想》 •《美联储利率政策猜想》
陈萌萌	上海前滩新兴产业研究院前研系统开发中心副总监	•《“混而有序”，激发夜经济活力》

作者	职务	篇名
何万篷	上海前滩新兴产业研究院院长、首席研究员，博士生导师	•《静安区：将“全球服务商计划”从“大写意”变成“工笔画”》 •《奉贤区：加快建设“上海南部中心城市”》 •《关于“全球服务商计划”的若干初步设想》 •《关于临港新片区未来发展的四点建议》 •《主动开放、创新开放，大国担当、大城担当》 •《打造具有全球影响力的金融信息高地》 •《千万不要把智慧城市做小了》 •《实施更多“积极的企业政策”》 •《优化营商环境不妨多点“啄木鸟”》 •《“混而有序”，激发夜经济活力》 •《发挥上海龙头带动作用，加快三大重点区域建设》 •《长三角一体化示范区在生成、合成与分成中实现融合联动》 •《钱塘新区助推杭州先进制造业崛起》 •《关于海宁市实现高质量发展的建议》 •《一通让人振奋的电话》 •《把规制优势转化为整体性治理效能》 •《吁请实行稳健的资本市场政策和积极的企业政策》 •《“紧日子”的正确“打开姿势”》 •《为企业纾困，从“同情”走向“共情”》 •《顺势从“转产”导向“转型”》 •《汉正街：在复合式振兴中“回到未来”》
宋杰封	上海前滩新兴产业研究院首席研究员、上海前知数据技术有限公司总裁	•《落实“四大品牌”，上海这 10 个区这么干》 •《再谈“营商环境就是生产力”》 •《感知南京：凌厉崛起中的未来之城》
周学强	上海前滩新兴产业研究院党支部书记、创新运营总监、宏观政策研究室主任、长三角一体化促进中心主任	•《上海郊区 2035 发展愿景简析》 •《让更多市场主体享受“上海速度”》 •《“混而有序”，激发夜经济活力》 •《发挥上海龙头带动作用，加快三大重点区域建设》